Thomas Borchert

Gebrauchsanweisung für Dänemark

PIPER
München Berlin Zürich

www.cpibooks.de/klimaneutral

Mehr über unsere Autoren und Bücher:
www.piper.de

Der Verlag dankt für die Genehmigung zum Abdruck der Passage auf
S. 167/168 aus: Hans Henny Jahnn, *Werke und Tagebücher in sieben
Bänden*, Hamburg 1974, © Hoffmann und Campe Verlag, Hamburg 1974;
und der Passage auf S. 185/186 aus: Siegfried Lenz, *Zaungast*, München
2006, © Hoffmann und Campe Verlag, Hamburg 2002.

ISBN 978-3-492-27685-6
© Piper Verlag GmbH, München/Berlin 2017
Dieses Werk wurde vermittelt durch Aenne Glienke | Agentur für Autoren
und Verlage, www.AenneGlienkeAgentur.de
Redaktion: Ulrike Gallwitz, Freiburg
Karte: cartomedia, Karlsruhe
Satz: le-tex publishing services GmbH, Leipzig
FSC-Papier: Munken Premium von Arctic Paper
Munkedals AB, Schweden
Druck und Bindung: CPI books GmbH, Leck
Printed in Germany

Inhalt

- 9   Von Svante lernen
- 11   Mit Fähre und Fahrrad
- 18   Flach wie eine Flunder
- 31   Kopenhagen – wo sich nichts und doch alles ändert
- 51   Hyggt euch!
- 58   An meinen Hofdackel
- 67   Exhauptstadt mit Dom und Irrenhaus
- 73   Singen macht froher
- 80   Warum trinkt Jeppe?
- 89   Der alte Mann und die Kindergärten
- 96   Der dänische Sozialstaat: ein Auslaufmodell?
- 104   »Borgen«: Wenn Fiktion die Wirklichkeit überholt
- 112   Wo die Populisten gewonnen haben
- 120   Aus Jussis Schreibhaus
- 126   Unverschämt glücklich?
- 136   Über Louisiana ist Freundlichkeit
- 149   Dänen und Deutsche: eine ungleiche Beziehungskiste
- 157   Arme Schweine

166	Magisches Bornholm
176	Helles Jütland
208	Noch Fragen? – FAQ an Dänemark
221	Buchtipps
224	Danke

Von Svante lernen

Alle Dänen kennen Svante und seine Lieder. Er freut sich über die aufgehende Sonne, »rot und rund«, vor dem Sommerhaus am Wasser. Während Nina noch duscht, wird schon mal ein Käsebrot gefuttert. Das schmeckt. Dann singt er den Refrain:

Das Leben könnte schlechter sein.
Und gleich kommt auch der Kaffee rein.

Nina drückt ihm, noch nass und nackt, ein Küsschen auf den Mund, ehe sie ihr Haar richtet. Grund genug für die Wiederholung:

Livet er ikke det værste man har.
Og om lidt er kaffen klar.

»Svantes glücklicher Tag« steht in jedem Liederbuch und gehört zum Schulpensum. Alternative Nationalhymne wäre vielleicht zu hoch gegriffen für das Lied. Benny Andersen, Lieblingslyriker der Dänen, hat es 1973 geschrieben. Das Land erkennt sich im kleinen morgendlichen Glück von Svante wieder und fühlt sich wohl im eigenen Nest. Alte und Junge, Arme und – so wird behauptet – sogar Reiche können hier mit Käsebrot und Küsschen am frühen Morgen zufrieden und auch glücklich sein. Ob das wohl stimmt?

Mit Fähre und Fahrrad

Dänemark hat drei Haupteingänge: bei Flensburg über die Festlandgrenze nach Jütland. Auf der Ostsee per Schiff Richtung Kopenhagen über die Fährstationen Rødby und Gedser. Vom schwedischen Malmö aus über die elegante Øresund-Brücke, das Prachtportal, direkt in die Hauptstadt. Das reicht auch für dieses überschaubare Land. Mittendrin wird die Sache allerdings etwas komplizierter.

Ob sie die Fähre schaffen, ist für Bente Antonsen und Jørgen Møller eine wichtige Frage. Die letzte zurück auf ihre kleine Insel Fejø legt ziemlich knapp nach dem Opernbesuch in Søllested ab. Oper auf dem Dorf? »Sie läuft im Kino per Liveübertragung aus dem Königlichen Theater in Kopenhagen. Als ob wir selbst dabei wären. Aber danach müssen wir uns beeilen.« Sie haben es immer geschafft, erzählen beide vor dem Haus mit Blick aufs Meer bei Kaffee und *wienerbrød*, dem dänischen Plundergebäck. Wenn sie mit den Kindern in Kopenhagen beim Kaffee zusammensitzen, liegt gleich viermal Inselhüpfen hinter ihnen. Von Fejø über Lolland, Falster und Farø nach Seeland.

Wollen sie aufs Festland, vielleicht wegen einer Konfirmation oder Silberhochzeit in Jütland, müssen sie sogar fünfmal über das Wasser. 406 Inseln hat dieses Land. Am Ende wird das Festlokal daran zu erkennen sein, dass vor dem Eingang ein *Dannebrog*, Dänemarks Nationalflagge, rot-weiß flattert. Das ist Sitte bei den kolossal vielen Familienfesten.

Auf der Karte sieht es so aus: links das länglich schmale Jütland mit der Nordsee auf der einen Seite. Auf der anderen die Ostsee samt einem Sammelsurium von Inseln und auf der größten – Seeland – am östlichen Rand schließlich Kopenhagen. Dann kommt wieder Wasser und dann Schweden. »Das Meer ist der gemeinsame Feind der Dänen, es teilt unser winziges Land in zwei Hälften«, klagte 1887 Edvard Brandes, Mitbegründer der Zeitung *Politiken*. Dabei hatten seine Wikingervorfahren das Inselreich doch gerade als beschlagene Seefahrer für ein paar Hundert Jahre zur Großmacht werden lassen. Danach war es permanent in Richtung »winzig« gegangen, bis Brandes die geografischen Gegebenheiten nur noch niederschmetternd fand. Die Landgrenze Jütlands zum übermächtigen deutschen Nachbarn sei »verführerisch für den Preußen, sich auch das Bajonett zu schnappen, wenn er schon das Gewehr hat«, weil das dänische Festland wie ein Wurmfortsatz an den mächtigen Nachbarn anschließt. Östlich davon sehe es mit den vielen Inseln nicht besser aus: »Die andere Hälfte liegt zerstückelt da, außerhalb Europas und des Weltverkehrs, schwer zu erreichen, unbefruchtet vom Handel, ausgeschlossen vom internationalen Verkehr und der Leuchtkraft der Ideen.«

Gelindert haben dieses Handicap in tausend Jahren dänischer Geschichte die Fähren. Dabei ging es nicht immer nur um eine möglichst schnelle Verbindung zur nächsten Insel. 1523 nutzte König Christian II. – so geht jedenfalls eine weitverbreitete Legende – die Überfahrt zwischen Jütland und

Fünen zum Grübeln: Kampf gegen die Feinde auf dem Festland oder Flucht auf eine Insel? Immer wieder soll der Wankelmütige dem Fährenkapitän auf dem Kleinen Belt den Befehl zum Wenden gegeben und ihn dann widerrufen haben, ehe er sich am Ende für die Flucht entschied. Danach ging alles schief.

Dänen bemühen die Geschichte aus dem Roman »Der Fall des Königs«, geschrieben vom Nobelpreisträger Johannes V. Jensen, gern zur Illustration von Wankelmut als angeblich nationaler Eigenart, geboren aus einem unseligen Mix von Größenwahn und Minderwertigkeitskomplexen. Ich finde Dänen überhaupt nicht wankelmütiger als andere.

1819 zog der Schustersohn Hans Christian Andersen aus Odense auf Fünen los nach Kopenhagen auf Seeland. Der Grünschnabel träumte von Ruhm als Balletttänzer oder Schauspieler. Das mit den Märchen war dann eine Notlösung und sein erstes Hindernis auf dem Weg zum Ruhm der Große Belt. Mindestens eine Nacht hatte man vor dem Sprung über 25 Kilometer Wasser auf die Fähre zu warten, bei schlechtem Wind eventuell deutlich länger. Noch ein halbes Jahrhundert später fand es ein Reisender hier ganz unromantisch, wenn »die Überfahrt zwischen Nyborg und Korsør zwei Tage dauert und man in der Mitte bei zwanzig Grad Frost auf Sprogø übernachten muss«.

Nach und nach wurde das alles besser. Aber die Frage »*Nåede de færgen?* – Haben Sie die Fähre erreicht?« blieb für die Verbindung zwischen West- und Ostdänemark immer eine entscheidende. Damit überschrieb 1925 auch Johannes V. Jensen seine berühmte Novelle über Mann und Frau auf dem Weg von Jütland nach Kopenhagen. Das Paar kommt mit der Fähre auf Fünen an und jagt auf dem Motorrad halsbrecherisch über die Insel, um die nächste Überfahrt nach Seeland zu schaffen. Jeder in Dänemark kennt das Problem und die daraus folgende Gewissensfrage: Bleifuß fahren oder eventuell die nächste Fähre verpassen?

Als Jensens Schriftstellerkollege Klaus Rifbjerg knapp ein Jahrhundert später mit der Geschichte »*Vi nåede færgen!* – Wir haben die Fähre erreicht!« antwortete, war das schon ein wehmütiger Rückblick. Die 20 Kilometer lange Brücke über den Großen Belt hat das Land zum Jahrtausendwechsel zusammengeschweißt. Ein revolutionärer Sieg über die Geografie, diese und all die anderen gewaltigen Brücken. Das Land ist nicht mehr zerstückelt. Verkehr, Handel und auch die »Leuchtkraft der Ideen« können ungehindert fließen. Von den größeren Inseln fehlt nur dem abgelegenen Bornholm eine feste Verbindung zur Nachbarschaft. Die »Sonneninsel«, näher an Schweden und Polen als an Dänemark, steuern dafür Highspeedfähren an.

Als junger Mann mit Ehrgeiz könnte Andersen heutzutage in 75 Minuten zwischen Odense und Kopenhagen über den Belt pendeln, wie es so viele Studenten und Berufstätige täglich tun. Ihr Fahrrad nehmen sie in der Bahn mit. Oder, die bessere Variante, sie haben je eines an beiden Bahnhöfen stehen. Odense schlägt Kopenhagen um Längen als Fahrradparadies. Bekommen Studenten einen Wohnheimplatz, drückt man ihnen mit dem Zimmerschlüssel auch gleich ein Fahrrad in die Hand. Das ist in der Miete inbegriffen, damit sie nicht auf dumme Gedanken kommen und Dänemarks CO_2-Bilanz nach unten ziehen. Hinaus zum Campus geht es auf einer Fahrradautobahn mit tempoförderndem Belag, grüner Welle vor den Autos, Luftpumpenstationen und allerlei anderen Raffinessen. Wer könnte da widerstehen? Mein Freund Henning begründet seine Entscheidung für dieses Fortbewegungsmittel psychologisch: »Man kommt auf dem Rad besser gelaunt an.«

Geschwindigkeit ist eben nicht alles, und auch die Fähre ist für die Dänen immer mehr gewesen als nur ein notwendiges

Übel. So feierte Rifbjerg die vielen Überfahrten als »eine Freistatt«, als »die Stunde, in der nichts Böses passieren konnte, vielleicht bis auf das Unglück, möglicherweise von einem Möwenklacks getroffen zu werden«. Danach setzt man die Reise »in behaglich aufgefrischter Stimmung« fort. Rifbjergs Kollegin Hanne Marie Svendsen sieht die Fähre »als ein bewegliches Inselreich außerhalb der Grenzen der Normalität, das zugleich sammelt und verbindet«. Im Fährenrestaurant findet sie *familien Danmark* vereint, ohne Unterschied von Klasse, Alter oder sonst etwas. Das Selbstbild als Familie taucht oft auf, wenn Dänen sich gegenseitig erklären, warum sie so zufrieden sind in ihrem Land.

In der Familie gibt es aber auch mal Streit. Eine Ministerin bekam vor etlichen Jahren Riesenärger, *skandal!*, als sie telefonisch eine Fähre vom Ablegen abhielt, um noch mitzukommen. Kronprinz Frederik bekam vor Kurzem Riesenärger, als er sich trotz Sperrung wegen Sturm über die Große-Belt-Brücke chauffieren ließ. Die anderen mussten warten. Beides gehört sich nicht, wenn alle gleich sind.

Pyt, egal, die Brücke ist ja nur sehr selten gesperrt. Die Fährenkultur lebt dennoch weiter, vor allem durch die kleineren Inseln, die für ihre Bewohner – oder auf dem Weg zum Sommerhaus – nicht anders zu erreichen sind. Hier winkt nach wie vor die Stunde, in der nichts Böses passieren kann.

Fähre und Fahrrad passen gut zu diesem Land. Aber wo anfangen, wenn man sich Dänemark nähern möchte? Im Zentrum oder in der Peripherie? Und was ist Zentrum? In Kopenhagen leben rund 20 Prozent der Bevölkerung. Andererseits ist die Hauptstadt geografisch an den Rand gequetscht. Das war nicht immer so. Auch das westliche Schweden gehörte zur einstigen Großmacht Dänemark, bis es 1658, wie später noch so vieles mehr, verloren ging.

Vielleicht ist es besser, in Dänemarks Westen zu beginnen? Dafür sollten sich alle entscheiden, die das Land radelnd erkunden möchten, denn der Wind weht meistens von der Nordsee Richtung Kopenhagen. Auf ihn kann man sich ohne einen einzigen Berg, der diesen Namen verdient, immer verlassen.

Jyderne, die Jütländer, sind sicher, dass bei ihnen das Herz des Landes schlägt und *danskheden*, das Dänische an sich, klarer durchkommt als bei den Hauptstädtern: ohne Lamento zupackend, traditionsbewusst und nach wie vor bäuerlich orientiert. Im südlichen Jütland, gleich hinter der Grenze zu Schleswig-Holstein, trifft man auf eine deutsche Minderheit.

Ich lebe abwechselnd in Kopenhagen und auf der Insel Falster. Aus praktischen Gründen bevorzuge ich den Fehmarnbelt als Zugang von Deutschland. Ganz Eilige ärgern sich über diese letzte Lücke nach der Großen-Belt-Verbindung und der Øresund-Brücke zwischen Dänemark und dem Rest der Welt. Ein 20 Kilometer langer Tunnel ist beschlossene Sache, wird aber nach immer neuen Verzögerungen mindestens bis 2026 auf sich warten lassen.

Damit kann ich gut leben. Rollt der Wagen in Rødby von der Fähre, verändert sich das Gefühl von Tempo: In Deutschland herrscht Stress auf der immer zu vollen Autobahn mit 180-km/h-Rasern. In Dänemark spürt man Ruhe und Gelassenheit. Hier scheinen alle zufrieden mit der gesetzlich vorgeschriebenen Langsamkeit ohne Platzangst. Immer im »menschlichen Maß«, um schon mal einen hippen und auch seriös interessanten Terminus zur Erklärung von Kopenhagens enormer Anziehungskraft vorwegzunehmen.

In dieser Gebrauchsanweisung gehen wir auf eine Dänemarkreise von Süd nach Nord mit vielen Stopps zum etwas genaueren Hinschauen. Wir kommen mit der Ostseefähre in Gedser an, bewegen uns inselweise hoch in die Metropole. Kopenhagen, oder København, möchte lässig und entspannt erobert werden. Danach, gleich nebenan, ein Besuch bei 41 Königsgräbern im Dom von Roskilde. Am Rand der Kleinstadt mischen wir uns unter die 130 000 Teilnehmer von Dänemarks größtem Familienfest. Später ein Abstecher in den Osten nach Bornholm und dann mit Schwung der Sprung westwärts über den Großen und den Kleinen Belt zum Finale: Jütland verdient Zeit und lockt mit Muße an seinen Nordseestränden. Kurz vor der Grenze bei Flensburg winkt schon eine opulente Kaffeetafel – oder droht, je nachdem, wie man zu Kuchen in gigantischen Mengen steht.

Flach wie eine Flunder

In diesem Kapitel radeln wir vom südlichsten Zipfel Dänemarks bei Gedser bis nach Kopenhagen. Drei Inseln liegen vor uns: Falster, Møn und Seeland. Auf kleinen Landstraßen, Waldwegen und entlang der Küste werden der Wind, Vogelgezwitscher und das Rollen der Räder unsere Geräuschkulisse sein und ein paar Geschichten zwischendurch. In der Mitte legen wir eine Übernachtung am Præstø-Fjord ein. Da kenne ich jemanden mit einem reetgedeckten Landhaus, der den Schlüssel unter den größten Stein am Blumenbeet gelegt hat. Als wir ihn beim ersten Mal nicht finden konnten und anriefen, kam die Antwort: Schmeißt einfach eine Fensterscheibe ein. *Det ordner sig.* Das passt schon. Kleine Lehrstunde in entspanntem dänischen Pragmatismus.

Es folgten viele weitere. Den Kommentar überlasse ich Barack Obama, der seine »Vorliebe für gefühlsmäßig ausbalancierte Pragmatiker« bekundet hat und meinte, »wenn alle so wären wie diese Skandinavier, wäre das Ganze viel leichter«. Neben den Dänen gehören per Definition noch Schweden und Norweger zu diesem kleinen und beliebten Teil der

Menschheit. Aus den anderen beiden Ländern ist schon mal zu hören, dass Skandinavien ja erst richtig bei ihnen anfange mit all der Weite, Wildnis und klirrenden Winterkälte.

Davon ist man hier an Gedser Odde, der Gedser Landzunge, im äußersten Süden vom Norden tatsächlich weit weg. Umso näher liegt Deutschland. Gerade gleitet die *Kronprins Frederik* nach knapp zwei Stunden Überfahrt aus Rostock in den Hafen ein. Hinter dem Schiff steigt eine Wand aus 156 Windrädern aus dem glitzernden Wasser. Über 40 Prozent des dänischen Stroms werden vom Wind produziert. 2020 soll es die Hälfte sein. Platz genug ist ja auf dem Wasser vor so viel Küste. Nicht alle Dänen sind begeistert vom Anblick dieser Windradwälder.

Wir radeln los bei schönstem Frühsommerwetter. Auch der Wind, seitlich von Ost, milde und warm auf der Haut, meint es gut mit uns. Bis zur Nordspitze Dänemarks bei Skagen hätten wir gerade mal 360 Kilometer Luftlinie vor uns. Das ganze Land ist ungefähr so groß wie Niedersachsen und hat ein Zehntel der Fläche Schwedens. Die Kornfelder am Leuchtturm von Gedser zeigen, was die Dänen mit ihrer knappen Landmenge anstellen: So gut wie jeder Quadratmeter ist für die Landwirtschaft zurechtgestutzt. Man vergisst es oft, weil die Ergebnisse überwiegend angenehm anzuschauen sind. Der Korrespondent Per Nyholm, der meistens in grandiosen Städten wie Rom oder Istanbul lebt, bereist seine Heimat oft und meint: »Es ist offenkundig, dass die dänische Natur nicht grandios ist, vielleicht abgesehen von hier und da mal einer Steilküste und der Heide. Dafür hat sie Anmut.«

Das gilt noch nicht für die riesigen Ackerflächen hier am Anfang unserer Reise. Dafür entschädigt eine andere angenehme Eigenart: Falster ist flach wie eine Flunder. Die Nachbarinsel Lolland befand der Dänemarkfan Kurt Tucholsky für »flach wie ein Eierkuchen«. Wir rollen vorbei am 15 Kilometer langen, endlos breiten Ostseestrand von Marielyst. Auf der anderen Seite vom Deich breitet sich eine Großstadt voller Sommerhäuser aus. Marielyst liegt im Winter still und gähnend leer da. In der Hochsaison füllen für ein paar Wochen 50 000 Urlauber den Ort, der aber erstaunlich still bleibt. Man kann sich auf den waldigen Grundstücken gut voreinander verstecken.

Angefangen hatte alles 1872 mit einer Sturmflut, die 80 Menschen das Leben kostete und Unmengen Sand anspülte. Plötzlich waren hier fantastische Strände. Erst mietete sich das gehobene Bürgertum im Badehotel Marielyst Østersøbad ein. Wie Waben an einen Bienenstock kamen immer und immer mehr Ferienhäuser dazu. Individualisten mögen die Nase rümpfen. Durch die historische Brille betrachtet, war die Anlage einer von vielen durchschlagenden Erfolgen der dänischen Sozialdemokraten. Schon in der Zwischenkriegszeit konnten sich auch Arbeiter einen Wochenend- und Ferienplatz in solchen Sommerfrischen leisten.

Immer noch hat Marielyst diese Aura von Gleichheit für alle, auch wenn ein bisschen optische Täuschung mitspielt. Neben hübsch angestrichenen, aber simplen alten Hütten stehen teure neue Hightechkonstruktionen. Sie mischen sich mit den billigen Häusern auf denselben genormten Grundstücksgrößen, alle mit demselben unsichtbaren Schild »Hier regieren Hängematte, Grill und Rasenmäher« über der Einfahrt. Auch für die Neubauten gilt: Man protzt nicht mit dem, was man hat. Das Grundgefühl von *lighed*, Gleichheit, hat mich in Dänemark ganz schnell am Haken gehabt. Da zappele ich immer noch gerne, auch wenn der Eindruck sich bei genauem Hinsehen zunehmend als Illusion erweist.

Wie viele Leute wieder ihre Dannebrog-Fahnen oder -Wimpel gehisst haben! Als Nutzer und sogar zeitweiliger Besitzer eines Sommerhauses (bei Roskilde) bin ich mit der dänischen Begeisterung für die eigene Flagge nie warm geworden. Nach ein paar Monaten waren wir uns in der Familie einig, dass der Dannebrog mitsamt seiner acht Meter hohen Fahnenstange für immer verschwinden sollte. Außerdem stand der Mast mitten auf dem Rasen und störte beim Fußballspielen.

Unsere Sommerhausnachbarn sahen mit erstaunten bis missbilligenden Blicken zu, wie ich nach dem Kippen der Stange auch noch das Betonfundament auszubuddeln begann: »Was soll das denn?« Wie kann man keinen Fahnenmast wollen und keine Fahne obendran?

Während ich an diese Episode denken muss, liefert die Natur hinter Marielyst zu den rot-weißen Farbtupfern mit lässiger Hand das erste große Panoramabild. Wir radeln, immer am Wasser entlang, durch schmale Waldstreifen im zarten Grün der noch jungen Buchenblätter, vorbei an jetzt schmalen, einsamen Stränden. Bei Corselitze klettert man zwei Meter über Felssteine hinunter, nutzt einen davon als Rückenlehne und kann ein bisschen ausruhen vom Pedaletreten. Einen schöneren Strand kenne ich in ganz Dänemark nicht. Hans Christian Andersen hat es 1850 wohl ähnlich gesehen:

Offener Strand bei Corselitze!
Aus dem Herzen muss man gehen,
Leicht so wie Berliner Witze,
Wellen uns umspielen.
Man kann schwimmen, planschen, sitzen,
Neugeboren auferstehen!
Offener Strand bei Corselitze,
Dänische Buchen schützen ihn.

Auch wenn die Reime in der deutschen Übersetzung nicht so swingen wie im Dänischen und die Polizei ausgerechnet heute eine Schießübung am Strand abhält: »Neugeboren auferstehen« ist nicht die schlechteste Verfassung für die Weiterfahrt. Mich bringt diese Umgebung zum Singen. Auf einer Lichtung breiten sich die ersten Felder in leuchtendem Gelb aus. Rechts die Ostsee, links ein Meer aus Raps. Kurz vor Stubbekøbing ragt ein großer Gedenkstein aus Granit aus dem Gras: »Hier stand das *Borrehuset*. Bewohnt von Marie Grubbe 1705–1718. Grundstück freigegraben 1941.«

Die Adelstochter musste als 17-Jährige den (unehelichen) Königssohn und norwegischen Statthalter Ulrik Frederik Gyldenløve heiraten. »Eine unglückliche Verbindung, beide hatten andere Partner, die Ehe wurde 1670 geschieden«, umschreibt die Schautafel den Skandal, dass eine Frau jener Zeit offen mit Liebhabern verkehrte. Nach der Scheidung brennt Marie mit dem Mann ihrer Schwester durch. Zurück kommt sie allein und bettelarm. Beides regelt umgehend die Vernunftheirat mit einem Adelsmann, bis sich Marie Grubbe in den jungen und starken Kutscher Søren Sørensen Møller verliebt. Mit 48 folgen die zweite Scheidung, die dritte Ehe und ein ganz anderes Leben. Der Ehemann trinkt viel und schlägt sich gerne. 13 Jahre lang leben beide im *Borrehuset* von der Arbeit am Fähranleger mit Kneipe. Dann bringt Søren im Suff einen Seemann um und verschwindet in Ketten zur Zwangsarbeit nach Kopenhagen. Marie muss weiterschuften, zum ersten Mal in ihrem Leben ohne einen Mann an der Seite.

1711 kehrt der »Nationaldichter« Ludvig Holberg auf der Flucht vor der in der Hauptstadt wütenden Pest bei ihr ein und hört die Geschichte. Marie Grubbe schließt mit dem Kommentar, dass sie trotz bitterer Armut und Erniedrigungen nichts bereue: »Ich habe richtig gewählt.« Holberg schrieb: »Sie war viel froher mit Søren als mit ihrem ersten Mann, dem Vornehmsten und Galantesten im ganzen Land.« Hans Christian Andersen schilderte Marie Grubbe hundert Jahre später als stark und selbstbewusst. Sie wird nicht ganz unkompliziert gewesen sein. Einig sind sich alle, dass der Kutscher die Adelsfrau erotisch stark angezogen haben muss. Gerade wieder sind zwei neue feministische Romane über die legendäre Frau erschienen.

Hundert Meter weiter wartet der nächste aufgegebene Fähranleger mit Geschichte, diesmal leider ohne Gedenktafel. Hier versteckten sich am 2. Oktober 1943 die Kopenhagener Familien Hannover und Marcus, alle zusammen 21 Menschen, auf einem Fischkutter. Wie fast alle dänischen Juden konnten sie sich ins neutrale und aufnahmebereite Schweden retten, als die deutschen Besatzer die Deportation angeordnet hatten – insgesamt gelang über 7000 Menschen die Flucht. Der Historiker Bo Lidegaard erzählt in »Die Ausnahme« die Geschichte dieser großartig gelungenen Rettungsaktion und dabei auch detailliert den verschlungenen Umweg der beiden Familien über Falster. Die meisten setzten nördlich von Kopenhagen über den Øresund, nachdem sie gerade noch rechtzeitig gewarnt werden konnten. Dänen halfen überall, Fischer stellten ihre Boote gegen Bezahlung bereit. Die Besatzer verfolgten die Flüchtenden nicht mit letzter Konsequenz, weil sie das recht friedfertige Verhältnis zu dem »weich« besetzten Nachbarland und willigen Lebensmittellieferanten für die Wehrmacht nicht aufs Spiel setzen wollten.

Wir lassen auch diesen Fähranleger hinter uns und fahren die Hauptstraße in Stubbekøbing ab. Gähnende Leere, wo Geschäfte und Menschen sein sollten. Auf Falster und Lolland fällt es schwerer als irgendwo sonst in Dänemark, an den Glanzbildern »alle sind gleich« und »glückliche Dänen« festzuhalten. Auf Lolland steht jedes zehnte Haus leer. Die Menschen sterben im Durchschnitt fünf Jahre eher als die Hauptstädter und haben nur halb so viel Geld im Portemonnaie wie ihre Landsleute in besser gestellten Gegenden. »Til salg«,

»zum Verkauf«, steht vor sehr vielen Häusern, den besseren und den verfallenden. Man wird sie einfach nicht los. Wer einmal, zu rührend niedrigen Preisen, eine Immobilie gekauft hat, ist mit ein bisschen Pech *stavnsbunden*: wie ein Erbuntertäniger zum Bleiben verdammt.

Wir trudeln die paar Meter zum Hafen hinunter. Die Fähre *Ida* für die kurze Überfahrt Richtung Møn ist klein, die Beflaggung am Anleger und an Bord dafür riesig. Es flattert so viel in Rot-Weiß, dass man das Schiff kaum sieht. Ob heute wieder einer dieser vielen *flagdage*, Flaggentage, sei, mit irgendeinem royalen Geburtstag oder so, frage ich. Der junge Fährmann schüttelt beim Hochklappen des Schlagbaums den Kopf: »Das ist nur, weil wir mit *Ida* unterwegs sind.« Aber überall in den Gärten seien die Dannebrogs doch auch oben am Mast, wende ich ein. Eine Mitreisende hat mich mit meinem klitzekleinen Akzent als ahnungslosen Ausländer entlarvt: »So ist es Sitte bei uns, wenn der Nachbar Geburtstag hat. Einfach ein Gruß.«

Die Fähre legt an. Noch drei Kilometer auf einem Damm – links Seevögel, rechts Seevögel, in der Mitte wir mit den Insektenschwärmen –, dann ist Møn erreicht. Ein bisschen hügeliger wird es hier, aber ohne Last für uns Pedalritter. Erst bestaunen wir die Mittelalterkirche Fanefjord mit ihren 500 Jahre alten Kalkmalereien, eine von den vielen weißen dänischen Landkirchen auf einer freien Anhöhe, von denen manche kurz vor dem tausendsten Geburtstag stehen. Dann kommt das Straßenschild: »Advarsel: høns«, »Warnung: Hühner«, mit dem Piktogramm einer friedlich vor sich hinpickenden Henne. Möglicherweise ein Beispiel für den dänischen Humor, den angeblich kein Außenstehender voll erfassen kann.

In Deutschland kennt man Møn wegen Günter Grass und der Kreidefelsen. Der Dichter hatte ein kleines Fachwerkhaus an der Nordwestspitze, nicht weit von Møns munterem

Hauptort Stege. Wir setzen uns für eine Kaffeepause vor der Hafenbrücke in die Sonne. Noch mal 20 Kilometer weiter, am entgegengesetzten Inselende, erhebt sich die berühmte Steilküste: *Møns Klint,* die 130 Meter hohe und fast sieben Kilometer lange Kreidewand, entstand vor 70 Millionen Jahren auf dem Meeresgrund. Sie zeigt Dänen die geologische Frühgeschichte ihres Landes: Schicht auf Schicht hat sich Kalk abgelagert, bis die Eiszeit die heutige Landschaft formte und der weiße Grund unter Moränen, Sand und Kies begraben war. Auf der Ostseite von Møn ist der Kalk sichtbar geblieben. Auch Schreckliches ist zu berichten über Felseinstürze. Es wird sie immer geben. Alle waren traurig, als das Wahrzeichen *Sommerspiret,* die allein stehende Sommerspitze, zusammenkrachte.

In Lutz Seilers Roman »Kruso« werden die Insel und ihr Naturwunder zum Synonym für Freiheit: »Das tiefe Licht der Sonne hob die Kreideklinten Møns wie ein Wunder aus dem Meer. Tatsächlich schien die Insel der Sehnsucht in den letzten Wochen gewachsen zu sein oder näher gerückt.« Von der DDR-Insel Hiddensee konnte man die weißen Felsen über 50 Kilometer Entfernung klar erkennen. Es ist nicht beim sehnsüchtigen Blick geblieben. Fischer am Møn-Hafen Klintholm haben viele Geschichten zu erzählen über die Ankunft von Flüchtlingen in Faltbooten, auf Surfbrettern und mit Trabi-Motor am Boot. Aber sie fanden auch Ertrunkene in ihren Netzen. Die hohen Zahlen überraschen: Mindestens 164 Menschen kamen bei Fluchtversuchen aus der DDR in der Ostsee um. Kopenhagen ist mit dem dänischen Teil dieses Kapitels immer »diskret« umgegangen, um den Handel mit der DDR nicht zu gefährden.

Von Møn wechseln wir über die 750 Meter lange Dronning-Alexandrine-Brücke nach Seeland. Mitten im Krieg haben die Dänen sie 1943 eingeweiht. Anderswo wurden Brücken in dieser Zeit eher weggesprengt. Aber was hieß »mitten im Krieg« in diesem Land? Als Hitler den Einmarsch der Wehrmacht in Dänemark und Norwegen am 9. April 1940 befahl, verbot die Regierung in Kopenhagen sofort jeden militärischen Widerstand. Sie garantierte den neuen Herren die Lieferung von Butter und allerlei mehr für deren Kriegswirtschaft. Dafür durfte sie nach innen halbwegs autonom weiterregieren. Das hielt zwar nicht ganz bis zur Befreiung im Mai 1945, aber sehr wenig wurde in Dänemark zerstört. In meinen ersten dänischen Jahren war eine frappierende neue Erfahrung, dass bei Familiengeschichten die Jahre 1940 bis 1945 in aller Regel keine besondere Rolle spielten. Das Alltagsleben ging für die allermeisten einfach weiter. Mit Ausnahmen, versteht sich, wie für die Juden, die 1943 fliehen mussten, und für Widerstandskämpfer, die ihr Leben riskierten und sich aktiv gegen die *samarbejdspolitik*, die Zusammenarbeitspolitik, ihrer Regierung mit den Nazis stellten.

Auf Seeland angekommen, sind es nur noch 20 Kilometer bis zum Tagesziel. Jetzt plötzlich, wieder zwischen Rapsfeldern, idyllischen Fachwerkhäusern mit Strohdach und Ententeich, Gutshöfen im Renaissancestil, Buchen- oder Pappelalleen, weiß gekalkten Kirchen: eine Steigung, bei der man über das Absitzen nachdenkt. Natürlich bleiben wir im Sattel, das wäre zu peinlich. Zumal eine Frau quer zu uns den Horizont von links nach rechts atemberaubend schnell abradelt. Sie muss wohl eines von diesen Rädern mit Akkuantrieb haben. Oder ist sie einfach eine von den vielen starken Däninnen?

Vor dem Etappenziel streifen wir noch kurz das verschlafene Præstø am gleichnamigen Fjord. Der Hafen ist ausschließlich mit Segel- und Motorbooten besetzt. Auf denen machen sich die Wikingergene nur noch begrenzt bemerkbar. Die *lystbådehavne*, wörtlich übersetzt »Lustboothäfen«, strahlen träge Lässigkeit aus. Vor allem, wenn die Segler nach dem Anlegen bei Sonne und einem Drink an Bord herumsitzen und das Gefühl für Zeit woanders deponiert zu haben scheinen.

Sonst ist das Städtchen pures 19. Jahrhundert. Oder noch früher. Kein Krieg hat in den letzten 400 Jahren Zerstörung gebracht, dafür die Pest, immer mal Brände und zuletzt am Stadtrand erstaunlich viele hässliche Super- sowie Baumärkte. Kehrt man Præstøs Aldi den Rücken zu, weist eine Weidenallee mit schmalem Trampelpfad in der Mitte den Weg zum Herrensitz Nysø. Die simple Drehung reicht, um sich 150 Jahre zurückversetzt zu fühlen. Jetzt fehlt nur noch der Märchendichter Andersen, der auf dem Weg zum Wochenmarkt den Zylinder hebt und artig »god dag« wünscht. Er verachtete die Provinzler in Præstø von Herzen, ließ sich aber gern den Sommer über von der Familie Stampe auf deren Gut beköstigen.

Nicht nur platonisch verliebte sich Andersen in den jungen Henrik Stampe. »Nie habe ich mein ganzes ungeteiltes Herz jemandem so offenbart wie Dir«, schreibt ihm der Angebetete. Andersen notiert im Tagebuch: »Henrik zärtlich zu mir. – Henrik Eifersucht leidend. – Er ist nicht wie früher. Ist die Liebe vorbei?« Der Dichter führte auch penibel und voller Gewissensbisse Buch über seinen Drang zu Autoerotik in der aufregenden Zeit, wie der Namensvetter Jens Andersen in seiner schönen Biografie über den berühmtesten aller dänischen Künstler erzählt.

Der Bildhauer Bertel Thorvaldsen, im 19. Jahrhundert allseits verehrter dänischer Nationalkünstler, lebte und arbeitete die letzten sechs Jahre seines Lebens gar als Dauergast auf dem Herrensitz, weil ihm der Stadtlärm und auch das Getue in Kopenhagen auf die Nerven gingen. Von Nysø sind es nur noch drei Kilometer bis zum Nachtquartier in Broskov. Wir hatten Glück mit dem Wetter, dem Wind, keinen platten Reifen und genug Postkartenidyllen im Sonnenlicht für ein ganzes Album.

Der zweite Tag wartet mit weniger Kilometern bis Kopenhagen, aber mit genauso schönem Wetter auf. Spüren Sie den gestrigen Tag in den Beinen? Ich schon. Wir fahren weiter Richtung Norden, quer über die Insel. Dass Seeland immer auch die machtvollste dänische Insel gewesen ist, zeigen unterwegs die Herrenhäuser. Sie strahlen majestätischer als anderswo. Turebyholm zum Beispiel, seit 1747 im Besitz der Familie Moltke, ist ein breit gestreckter Rokokobau, auf den wir durch eine Pappelallee zufahren. Erster Hausherr war Oberhofmarschall Adam Gottlob von Moltke, zugewandert aus Mecklenburg und am Kopenhagener Hof zeitweilig der mächtigste Mann. Der heutige Eigner Christian Georg Peter Moltke betreibt als Erbe in der achten Generation weiter Landwirtschaft. Andere Besitzer der 726 *herregårde* im ganzen Land müssen sich einiges einfallen lassen für die Heizkosten und all den anderen teuren Unterhalt. Man richtet Feste aus, arrangiert Gartenschauen, Oldtimertreffen und lädt zu sommerlichen Matinees am *herregårds*-Teich.

Wir erreichen an der Køge-Bucht wieder die Ostsee und lassen den ersten donnernden Lkw dieser Tour passieren. Die Hauptstadt meldet sich am Horizont und damit auch ein ganz anderer Teil der dänischen Geschichte. Kopenhagens südwestliche Vororte sind sozialdemokratisches Land. Planlos und ungewohnt wild scheint die Metropole hier längs der Küste gewachsen zu sein, eine Mischung aus Sommerhäusern und »Ganzjahreshäusern« *(helårshuse)* für die aufstrebende Arbeiterschaft zwischen Strand und Hauptstraße. Das Sammelsurium aus Solarien, Vorgärten mit Steingutlöwen, Würstchenbuden, Gebrauchtwagenhändlern und Werkstattschuppen verbreitet einen für Dänemark untypischen Dritte-Welt-Charme. Der ist aber »ethnisch dänisch«. Die Zuwanderer leben weiter stadteinwärts, in Brøndby und Ishøj in den Wohnblöcken, die Einheimische für ihre Eigenheime verlassen haben.

Vor einer Ampel fragt ein reiferer, kerngesund und drahtig aussehender Herr in Profi-Outfit von seinem Rennrad: »English or German?« Wir können ihm auf Deutsch den schnellsten und gern auch den schönsten Weg ins Zentrum erklären. Der Schweizer macht 1700 Kilometer ab Bodensee bis zum schwedischen Göteborg in acht Tagen. Zurück geht es mit dem Flieger. Sein Navi ist ihm in Mecklenburg verreckt. »Kein Problem, da red ich eben die Leute an. Seid ihr auch auf Velotour?«, fragt er, hat aber keine Geduld für unser Nachdenken über diesen für ein Nordlicht fremden Begriff. Beim Ja ist er schon wieder im zwölften Gang und weit weg.

Bei unserer letzten Rast halten wir am Kunstmuseum Arken, »Die Arche«, in der Vorstadt Ishøj. Es läuft eine Ausstellung der Feministin Niki de Saint Phalle. Ein sozialdemokratischer Bürgermeister hat den großen weißen Bau im Schatten von Hochhausburgen aus den Sechzigerjahren an das Wasser setzen lassen. Sonst bietet so etwas nur der bürgerliche Kopenhagener Norden, in diesem Fall war das Arbeiterviertel im Westen an der Reihe. Inzwischen ist es ein Zuwandererviertel.

Die Kulturpioniere fielen bei der Suche nach Leitungspersonal für das Museum auf eine offenbar einnehmende Hochstaplerin namens Anna Castberg herein. Ihr Doktortitel war genauso frei erfunden wie alle angeblich früheren Jobs in der Welt der Kunst. Nach acht Monaten hatte die Direktorin die Museumsfinanzen ruiniert. »Wir sollten jemand Außergewöhnliches finden. Den Auftrag haben wir erfüllt«, verteidigte sich der Chef des Auswahlkomitees feinsinnig. Längst geht es Arken wieder gut, der Fehlstart ist Schnee von gestern.

Einen bleibenden Platz im kollektiven Gedächtnis haben sich Lokalpolitiker aus dem Kopenhagener Westen mit ihrer frühen Warnung vor den negativen Folgen von Zuwanderung gesichert. Ihre Stadtteile füllten sich als Erste im Land vor drei

Jahrzehnten mit anderen Nationalitäten. Fast alle in Dänemark sind sich einig: Hätte man auf sie gehört, wären die Integrationsdefizite kleiner und die Populisten nie so stark geworden. Ich habe meine Zweifel, ob das stimmt ...

Genug Geschichte für heute, die Hauptstadtsilhouette mit den überraschend wenigen Hochhäusern rückt näher. Die letzten Kilometer geht es wieder direkt am Wasser entlang. Fast fühlt man sich wie auf dem Wasser. Wir sind in Kopenhagen, Stadtteil Amager. Bis hierher waren es übrigens 240 Kilometer ab Gedser. »Tak for turen«, »danke für die Tour«, sage ich, und Sie könnten antworten: »Selv tak«, »Danke gleichfalls«.

Kopenhagen – wo sich nichts und doch alles ändert

Zeitreise in der City

Kopenhagen, im Wortsinn »Kaufmannshafen«, hat sich zum Besseren gewandelt, ganz eindeutig. Nehmen Sie den Stadtteil Amager, wo wir angekommen sind. Lorteøen, »die Scheißinsel«, ist als Spitzname unverrückbar fest verankert, weil hier früher die Latrineneimer aus der Altstadt geputzt sowie andere stinkende Abfälle auf Fähren herübergeschafft und abgeladen wurden. Man war lausig arm, wurde als Peripherie verachtet, und das ist noch gar nicht lange her.

Inzwischen ist so viel Wasser zwischen Amager und Kopenhagen in Land verwandelt worden, dass die Fähren überflüssig sind. Die *ama'rkaner* haben sich von isolierten Insulanern zu ganz normalen Hauptstädtern gemausert. Sie werden langsam, aber sicher durchgentrifiziert und können, wenn sie möchten, sogar durch einen luxuriösen Hinterausgang verschwinden: Von Amager aus verbindet die 15 Kilometer lange Øresund-Brücke Dänemarks Hauptstadt mit dem schwedischen Malmö. Das Bauwerk ist sehr praktisch und bildschön.

Wenn Sie gleich nebenan auf dem Flughafen Kastrup landen, setzen Sie Ihren Fuß in Dänemark zuallererst auf Amager-Boden. Von da ist es nur ein Katzensprung zum schönsten von Menschenhand angelegten Stadtstrand der Welt. Behaupte ich mal.

Die Stadt ließ das kilometerlange, großzügig breite, dank Lagune kinderfreundliche, durch viele Dünen liege- und mit Betonwegen radler- sowie skaterfreundliche Naherholungsgebiet aus dem Meer stampfen. Viel haben die Kopenhagener dem Wasser abgeluchst, das geht nun schon seit dem Mittelalter so. Hier entsprach der Landgewinn vor gut einem Jahrzehnt 84 Fußballfeldern.

Der Amager Strandpark ist natürlich ohne Eintritt oder Zäune offen für jeden, im Sommer immer voller Leben, aber nie überfüllt. Kurzum *folkelig*, was beliebt sowie volkstümlich zugleich bedeutet und unter Dänen uneingeschränkt positiv gemeint ist. Das gilt bei der Bewertung eines Politikers, Mann oder Frau, genauso wie bei der eines Strandparks. Zu diesem gelangt man vom Zentrum aus nach fünf Kilometern, 15 Fahrradminuten oder fünf Metrostationen. Auch das nur *en smut*, ein Katzensprung.

Am südlichen Ende des Parks lockt die aus Holz elegant ins Wasser gebaute Seebadeanstalt Kastrup so unwiderstehlich, dass selbst ich Frostbeule und Landratte schon im Frühjahr bei elf Grad Wassertemperatur hineinspringe. Meiner besseren dänischen Hälfte reicht das noch lange nicht. Sie ist an der selten richtig warmen Ostsee geboren und verlangt, dass wir endlich die Mitgliedschaft in »Vikingeforeningen Det Kolde Gys«, der »Wikingervereinigung kalter Schauer«, beantragen. Nach der Aufnahme könnten wir am nördlichen Ende des Strandparks auch bei elf Grad minus nach Herzenslust im Salzwasser baden. Gottlob hält sich das Gerücht von langen Wartelisten für Neuaufnahmen.

Die 4000 Mitglieder zahlen einen happigen Beitrag für das kalte Vergnügen. In drei Bassins der »Badeanstalt Helgoland«, aus Holz an den Rand des Øresund gebaut, können sie sich tummeln. Benannt ist die Anlage nach der früher mal dänischen Nordseeinsel aus Sandstein. 1913 ging es los für die organisierten *vinterbadere*, die Winterbader. Junge Kopenhagener zelebrieren das von Oktober bis April genau wie früher ihre Urgroßeltern, nur dass sie heute viel mehr sind. Das Wasser kann nicht kalt genug sein, der Sund nicht oft genug zufrieren und der Verein nie genug gesellige Wochenendvergnügungen auf die Beine stellen. Winterbaden in Karnevalsverkleidung, Eislöcher um die Wette hacken, natürlich ein *julefrokost*, die Weihnachtsfeier, das festliche Neujahrsspringen ins eiskalte Wasser und sicher auch Festbaden zur Saisoneröffnung und zum Abschluss.

Helgoland ist in einem Jahrhundert dreimal komplett neu gebaut und dabei auch verlegt worden, zuletzt an den Rand des neuen Strandparks. »Det Kolde Gys« bietet eine durchgestylte Großsauna mit Edelholz und freiem Blick auf den Øresund. Winterbaden ist auch als Ausdruck von Wellnesskultur und, mit Verlaub, Fitnesswahn angesagt. Die Vereinskultur und das soziale Drumherum haben sich aber genauso wenig geändert wie die Barackenbauweise von Helgoland mit immer demselben hell leuchtenden türkisen Anstrich seit 1929.

Das könnte eines der Geheimnisse hinter der wetterfesten, über Jahrhunderte stabilen Zuneigung der Kopenhagener zu ihrer Stadt sein: Dass hier das Alte weder sozial noch baulich je so richtig kaputtgegangen ist und sich im Neuen lebendig wiederfindet.

Rollt man auf dem Weg von Amager ins Zentrum die Knippelsbro herunter, eine der beiden großen Zentrumsbrücken über den Hafen, fühlt es sich an wie der Beginn einer Zeitreise, so etwa wie in »Zurück in die Zukunft«, wenn sich

Michael J. Fox in seinen Delorean setzt, das berühmte Wunderauto. Jetzt geht es aber in umgekehrter Richtung »nach vorn in die Vergangenheit«, und zwar, Kopenhagen gemäß, auf dem Rad: linker Hand die Alte Börse, seit 1620 unverändert im verschnörkelten niederländischen Renaissancestil, rechter Hand Holmens Kirke, 1562 im selben Stil als Ankerschmiede gebaut, kurz danach zum Gotteshaus für die Marine umgewidmet und schon lange eine Art Stammkirche der Königsfamilie. Vor einem halben Jahrhundert heirateten hier die junge Kronprinzessin Margrethe und ihr französischer Comté Henri, der sich damit in den dänischen Prinzen Henrik verwandelte.

Gegenüber reckt sich Christiansborg Slot Richtung Himmel. Dieser nach allerlei Bränden mittlerweile vierte Schlossbau ist ein ziemlicher Brocken und gerade mal hundert Jahre alt. Die Royals zogen 1794 abgebrannt nach Schloss Amalienborg um und sind bis heute in den viel kleineren, aber dafür feuerfesteren Gemächern geblieben. Das neue Christiansborg brannte nach 90 Jahren schon wieder komplett nieder und musste noch mal gebaut werden.

Als heutiger Parlamentssitz hat das Schloss dieselbe Aura für die Dänen wie das Westminster für die Briten oder, mit viel Auf und Ab, der Reichstag in Berlin für die Deutschen. Dieser Bau steht etwas steif und klobig da, birgt aber hinter grauem Granit unter dem braunen Kupferdach ein munteres Innenleben. So zeigte es aller Welt die Fernsehserie »Borgen«, eine verbreitete Abkürzung für Christiansborg, über die fiktive Ministerpräsidentin Birgitte Nyborg. Im letzten Bild der letzten Staffel schaut sie wehmütig aus dem Autofenster zum Schlossturm hoch und haucht dem Liebsten zu: »Das ist ja mein zweites Zuhause.«

Leben in dieses Parlament bringen auch die Bürger mit ihren Protesten auf dem Schlossplatz gegen, wie sie meinen,

Empörendes im Königreich. Einhundertfünfzigtausend versammelten sich hier bei Streiks im öffentlichen Dienst, das ist aber schon lange her. Fünfzigtausend protestierten gegen die Beteiligung ihres Landes am Irakkrieg, das war Anfang der *Nullerne*. So nennen Dänen das Jahrzehnt von 2000 bis 2010, als die rechte Mehrheit dänische Kriegseinsätze als besonders treuer Verbündeter von US-Präsident George W. Bush durchsetzte. Die Abgeordneten des Folketing, Dänemarks Parlament, hörten aus ihrem Saal in Christiansborg zuletzt 10 000 Schüler und Studenten auf dem Schlossplatz gegen das Kaputtsparen ihrer Ausbildungsgänge aufbegehren. Das waren überraschend viele. Sonst demonstrieren die jungen Leute in ihrem reichen Land mit vergleichsweise großzügigem BAföG und gut bezahlten Nebenjobs selten. Häufigster Anlass für Proteste vor Schloss Christiansborg oder auf dem Rathausplatz ist in den letzten Jahren die harte dänische Ausländerpolitik gewesen. Die Teilnehmerzahlen sind stetig gesunken.

Jetzt fahren wir ins Herz der Altstadt, die *middelalderby*, »Mittelalterstadt«, in die nach Mitternacht noch 1850 niemand mehr hineinkam. Heraus auch nicht. Das ist nun vorbei, aber am Straßenbild hat sich seit den Zeiten des Berühmtesten aller Kopenhagener atemberaubend wenig geändert. Schöne Proben aufs Exempel liefert das Buch »Hans Christian Andersens Kopenhagen«. Der Autor Ulrich Sonnenberg führt auf einem Spaziergang zu den vielen Häusern, in denen sich der Dichter zwischen 1819 und 1875 zunächst als armer Student durchgefuttert und dann bis ins hohe Alter zur Untermiete logiert hat. Auch eigene Märchen hat er hier angesiedelt. Sonnenberg erzählt, wie Andersen im Restaurant des Hotel Royal mit der Adresse Ved Stranden 18 gleich zwei Angebeteten seine Liebe gestand. Weder die Jugendliebe Riborg Voigt noch

35

später die Opernsängerin Jenny Lind erhörten ihn. Das berühmte Fischrestaurant »Den gyldne Fortyn«, »Das goldene Glück«, in diesem Palais hat 2012 Pleite gemacht. Es konnte nicht mithalten mit den vielen jungen Starköchen aus der neuen Nordic Cuisine.

Zwei Gassen weiter am Nytorv, dem »Neumarkt«, ist das finstere Gerichtsgefängnis von 1805 immer noch das finstere Gerichtsgefängnis. Im Märchen »Das Feuerzeug« lässt Andersen einen Soldaten hier auf seine Hinrichtung warten. Heute warten die Gefangenen hinter denselben alten Gittern höchstens ein paar Stunden auf ihre Verhandlung im Gericht nebenan oder danach auf den Rücktransport. Wenn ich einen der traurigen Busse mit den schmalen Sehschlitzen für die Gefangenen geparkt sehe, geht mir »Das Feuerzeug« durch den Kopf. Die Geschichte endet gut für den Soldaten. Er wird von drei Hunden mit sehr großen Augen gerettet und bekommt die Prinzessin mitsamt dem Königreich.

Neben Sonnenbergs kleinem Buch auf Deutsch steht bei mir im Regal ein reich bebilderter dänischer Wälzer des Wahlberliners Peter Tudvad über »Kierkegaards København«. Studiert man die zeitgenössischen Lithografien mit dem Nytorv, wo der berühmte Philosoph und Theologe fast sein ganzes kurzes Leben lang wohnte, kommt unweigerlich der Gedanke: Es hat sich ja gar nichts verändert. Das stimmt fast, aber nicht ganz. Kierkegaards Geburtshaus Nytorv 2 musste 1908 einem langweiligen Bankneubau weichen. Gut, dass die Hinrichtungsstätte auf dem Platz mit permanent installiertem Schafott und Schandpfahl schon viel früher verschwunden war. Aber sonst scheint die Zeit hier seit anderthalb Jahrhunderten stillzustehen.

Søren Kierkegaard, der Urvater aller Existenzialisten, kam acht Jahre später zur Welt als Andersen und starb 20 Jahre früher.

Beide waren einander in herzlicher gegenseitiger Abneigung verbunden und gingen sich als fleißige Spaziergänger möglichst aus dem Weg. Übereinstimmend beklagten der Dichter und der Philosoph in ihren Tagebüchern den Kloakengestank in ihrer kleinen »Mittelalterstadt«. Kierkegaard würde diese Zeilen vermutlich genauso gnadenlos verreißen, wie er Andersens Roman »Nur ein Spielmann« im Jahr 1837 über 80 Seiten niedermachte: »Derselbe freudlose Kampf, den Andersen im Leben ausficht, wiederholt sich nun in seiner Poesie.« Ein eindrucksvoller Fingerzeig, dass mit der an der Oberfläche allgegenwärtigen dänischen Freundlichkeit nur begrenzt zu rechnen ist. Man geht hier auch gern mal kräftig zur Sache.

Kopenhagen betrachtete Kierkegaard als »prostituierte Residenz der Spießbürgerlichkeit« *(spidsborgerlighed)*. Andersen notierte als besonders störend, dass zu seiner Zeit 130 000 Menschen in der Altstadt »übereinandergepfercht« leben mussten, fünfmal so viele wie heute. Trotzdem blieb dem Märchendichter seine Wahlheimat über 50 Jahre lang »die teuerste Stelle der Welt«. Dem Urteil schließe ich mich in mehreren möglichen Auslegungen ohne Zögern an.

Dass der Stadtwall Mitte des 19. Jahrhunderts geschleift wurde, hat København von einer Zwangsjacke befreit und komplett umgekrempelt. In Windeseile wuchsen die neuen Stadtteile Vesterbro, Nørrebro, Østerbro und Amagerbro – *bro* steht dabei jeweils für »Brücke«. Diese Stadtteile machten aus einem mickrigen Nest die mittlere Großstadt, die Kopenhagen bis heute mit einer halben Million Menschen geblieben ist. Alles noch in Maßen also. Erst wenn man das weite Umland einbezieht, ist das hier eine Millionenstadt, die in dieser Form im Dänischen offiziell Storkøbenhavn, Großkopenhagen, heißt. Eigentlich eher eine Region als eine Stadt.

Das neue Kopenhagen

Der Hafen ist tot, es lebe der Hafen. Dass Frachter oder Fähren an Kopenhagens Kais nicht mehr anlegen und sogar die Königliche Marine verschwunden ist, hat eine weitere Revolution im Stadtbild in Gang gebracht. Nur noch die Kleine Meerjungfrau, minimale 1,25 Meter hoch, sitzt auf ihrem Stammplatz am Langeliniekai. Es gab ein paar unfreiwillige Unterbrechungen durch sägende Trophäenjäger und vor ein paar Jahren ein trübes Leihgeschäft mit Schanghai zum Anlocken chinesischer Touristen. Die Meerjungfrau musste für eine Weile verreisen. Aber sonst hält sie die Stellung wie seit über hundert Jahren.

Um die Bronzenixe herum schießt beiderseits des Hafens ein neues Kopenhagen aus dem Boden. Seit zwei Jahrzehnten jagt ein Architekturwettbewerb den nächsten. Fast immer gewinnen erlesene Namen. Die Touristenguides führen zu Leckerbissen wie der futuristischen »8-Haus«-Wohnanlage von Bjarke Ingels. Der Stararchitekt hat Kopenhagens Skyline zuletzt um eine silbern in den Himmel ragende Müllverbrennungsanlage bereichert. Das abschüssige Dach kann ganzjährig als Skipiste genutzt werden. Seltsame Idee für eine komplett flache Stadt, sagen die einen skeptisch. Wieder ein leuchtendes Beispiel für den frischen Mut beim Bau des neuen Kopenhagen, meinen andere. Es gibt ein paar äußerst kostspielige Probleme mit dem Konzept der Müllverbrennung als Energiequelle. Entscheiden wird über den Erfolg nicht zuletzt, ob die Kopenhagener die Ski-Abfahrt über den eigenen Müll als *folkelig* annehmen, als volkstümliches Vergnügen.

Beiderseits des alten Hafens wachsen neue Stadtteile mit Venedig nachempfundenen Kanälen und zu Wohntürmen umfunktionierten Kornsilos. Zwischendrin schick designte Badeanstalten, gratis zu benutzen, im wieder sauberen Hafenwasser. Man muss es mal probiert haben: Der Sprung in ein Hafenbecken fühlt sich, mit oder ohne Aufsicht von Bademeistern, immer noch erfrischend subversiv an.

Für die vielen Fahrrad- und Fußgängerbrücken kreuz und quer und seitlich über den Hafen ist der Zusatz »revolutionär« unbedingt als Ehrentitel zu verstehen. Sie binden die vom Wasser geteilte Stadt neu zusammen. Eine davon trägt wegen der geschlängelten Form den Namen Cykelslangen – »Die Fahrradschlange«. Sie ist so schön, dass die Fahrt auf dem orange leuchtenden Belag ein freudiges Schwindelgefühl erzeugen kann.

»Wir haben das menschliche Maß im Auge behalten«, sagt der Kopenhagener Stadtplaner Jan Gehl in Interviews über die Erneuerung des alten Kopenhagen. Er hat das »menschliche Maß« mit PowerPoint in Singapur, New York und Berlin an die Wand geworfen und auf die Deckel seiner recht komplizierten Bücher drucken lassen. Daniel Libeskind, der Architekt des Jüdischen Museums in Berlin, hat sie begeistert gelesen. Als Belohnung mit nach Hause bringen konnte Gehl den von anderen kreierten Begriff »Copenhagenization« für menschenfreundliche Stadtplanung.

Der dänische Architekturprofessor hat sein Credo in unerschütterlich ruhiger, milder und freundlicher Tonlage verbreitet. Man braucht schon fast keine handfesten Beweise in Gestalt von Fahrradautobahnen und dergleichen mehr. Wer seine menschenfreundliche Botschaft auch noch ungekünstelt mit dem geselligen »wir« statt des asozialeren »ich« ausdrückt, hat schon so gut wie gewonnen.

So kann Kopenhagens Oberbürgermeister immer mal wieder irgendwo im Ausland einen Preis für seine »lebenswerteste Stadt der Welt« abholen. Die intakte historische Struktur, intelligente Verkehrsplanung, überschaubaren Dimensionen und hohe architektonische Qualität bei Neubauten, viele Freizeitangebote ohne Blick auf den Geldbeutel, immer mehr anspruchsvolle Gastronomie, keine erdrückenden Hochhäuser im Zentrum und alles so freundlich dargeboten – das belohnen Jurys gerne.

Wer dauernd Schönheitswettbewerbe gewinnt, glaubt vielleicht irgendwann, dass zur schönen Fassade automatisch ein guter Kern gehören muss. Also, schönes Kopenhagen, was sagst du dazu, dass einige deiner treuesten Fans von drinnen wie auch draußen klagen, du seist »ganz schön hart geworden«, zunehmend auf das große Geld aus und abweisender als früher gegenüber allen, die nicht genug davon haben? Sie kommen mit allerlei Beispielen von Krankenschwestern, Lehrern, Arbeitern und jungen Leuten in der Ausbildung – für die soll das Wohnen auf deiner Sonnenseite unerschwinglich geworden sein. Es missfällt ihnen, dass Fantasiepreise für Wohneigentum und immer weniger Mietangebote aus dir ein Paradies machen für die Reichen und eine No-go-Area für weniger Betuchte, zum Beispiel junge Leute ohne vermögende Eltern, und für Zuwanderer sowieso. Auch würdest du inzwischen schon mal achtlos wegsehen, wenn im kältesten Winter ein Gestrandeter irgendwo in der schönen Altstadt schlafend am Erfrieren ist. Früher undenkbar, sagt man. Als die boomende Metropole würdest du dir das Leben auf Kosten der abgehängten und verachteten Provinz in Dänemark doch allzu behaglich einrichten. Hinter deinem freundlichen Lächeln aus dem makellosen Antlitz stecke im Alltag immer mehr Kälte, Verschlossenheit und Selbstgenügsamkeit. Ist da was dran, du Schöne? Und hat nicht auch Jan Gehl zuletzt beklagt, dass von den ganz neuen Stadtteilen eigentlich keiner »geglückt« sei?

Herr oder Frau København – ich bin mir da nicht sicher – antwortet darauf mit einer Einladung zum Kaffee: Treffpunkt neues Schauspielhaus am alten Hafen. »Hier siehst du auf einen Blick das meiste von mir«, sagt die Stadt, die schöne alte und die schöne neue, und auch beide Schattenseiten.

Die Standortwahl mit der Panoramaaussicht bringt den ersten Pluspunkt. Das kubistische Schauspielhaus, 2008 eröffnet, ist halb ins Wasser und halb in die Tiefe gebaut, also niedrig. Von innen hell, licht und offen, von außen dunkel und dezent. Wo vor der Glasfassade eine großzügig breite, zeitlos solide und elegante Eichenholzpromenade auf Pfählen aus dem Wasser ragt, haben früher Kapitäne die Kommandos zum Anlegen gegeben. Das skandinavisch schicke, aber gar nicht mal skandinavisch teure Schauspielhaus bleibt auch drinnen in den »menschlichen Maßen«. Es lädt jeden ein, protzt nicht, dominiert nichts und niemanden, auch nicht die Hafenmeile Nyhavn mit Kopenhagens schönster Häuserzeile gleich um die Ecke. Da sieht alles genauso aus wie vor zwei oder drei Jahrhunderten.

Eine Minute Fußweg trennt den Neubau von dem schmalen Haus Nyhavn Nr. 67, gebaut 1737, in dem Hans Christian Andersen drei Kammern bewohnte. Wegen Eigenbedarfs setzte ihn die Vermieterin nach 17 Jahren mit vier Wochen Kündigungsfrist an die Luft. Für Mieter oder gar Untermieter ist Kopenhagen wohl nie ein gutes Pflaster gewesen.

Der Blick quer über den Hafen fällt auf einen lang gestreckten alten Speicher, ein *pakhus*. 250 Jahre diente es als Lagerplatz für Trockenfisch, gesalzene Heringe, Tran von Walen, Robbenpelze und anderes aus Dänemarks einstigen nordatlantischen Besitzungen. Island ist seit 1944 selbstständig, Grönland und die Færøer (»Schafsinseln«) sind mit Dänemark teilautonom weiter in einer »Reichsgemeinschaft« verbunden. Das *pakhus* füllen jetzt Diplomaten von diesen drei Inseln im ganz hohen Norden mit ihren Schreibtischen zwischen dem sorgsam restaurierten Eichengebälk.

Als Untermieter im Erdgeschoss eröffnete der Koch René Redzepi sein »Noma«. Seit 2011 hat er viermal den WM-Titel als »bestes Restaurant der Welt« geholt. Ich bekenne, dass mir die Kriterien dafür wenig sagen und ein Test zum Mindestpreis von 3300 Kronen (450 Euro) pro Gedeck nach vier Monaten Wartezeit für eine Reservierung zu teuer wäre. Auch hat sich in mein Gedächtnis eine TV-Dokumentation mit Redzepi als »Weltmeister« bei der hemmungslosen Demütigung namenloser Küchenhelfer eingegraben. Das ist sicher eine ungerecht einseitige und auch wenig fachgerechte Sicht auf diesen Pionier der »Neuen Nordischen Küche« – zugegeben, ohne Redzepi wäre Kopenhagen sicher nicht zum Mekka für raffinierte moderne Kochkunst mit 18 Michelin-Sternen geworden.

Für 2017 hat das »Noma« eine spannende neue Adresse ganz in der Nähe, aber in einem völlig anderen Ambiente angekündigt. Redzepi verkündete, dass er an den Rand von »Fristaden Christiania«, den »Freistaat Christiania«, umzieht, jetzt mit eigenem kleinen Ökobauernhof am Restaurant und 100 Meter »fließenden Beeten« auf dem Dach.

Christiania müsste, korrekt übersetzt, im Deutschen eigentlich die »Freistadt« oder »Freistätte« heißen. Bald 50 Jahre sind vergangen, seit das verlassene Kasernengelände 1971 in der Hippie-Ära besetzt worden ist. Immer noch leben fast 1000 Christianitter, die meisten selbst in die Jahre gekommen, auf 34 Hektar mitten im Kopenhagener Zentrum autofrei nach eigenen Regeln. Sie haben sich mit dem Staat und der Stadt auf einen Status quo zwischen Autonomie und Normalität geeinigt, aber des Geldes wegen auch Rockern die Herrschaft über den rohen Haschischhandel auf der »Pusher Street« überlassen. Als ein Dealer 2016 in Mordabsicht auf zwei Polizisten schoss und später bei seiner Festnahme starb, machten die Bewohner erst mal Schluss damit. Christiania ist als bizarre

Mischung aus charmant verfallener Landidylle mit vielen Drop-outs, netten Alternativgenossenschaften, aber auch dem offenen Drogenhandel eine der populärsten Touristenattraktionen der Hauptstadt geworden. Nur zur Kleinen Meerjungfrau und ins Tivoli pilgern mehr.

Der Kopenhagenbesucher Kurt Tucholsky fragte die Einheimischen 1932: »Was habt ihr nur gemacht, dass es euch so gut geht?« Er gab sich selbst und dem Leser etliche begeisterte plus eine lapidare Antwort: »In Dänemark hält sich das alte Gleichgewicht so einigermaßen.« Aber nicht immer. Ein Stück links vom *pakhus*, der Kapitän auf der Kommandobrücke würde »eleven o'clock« sagen, bleibt der Blick an einem einsam vor sich hinfröstelnden Riesenbau mit einer Vorderfront wie von einem alten US-Straßenkreuzer hängen. »Havnegrill«, »Hafengrill«, nennen ihn einige Kopenhagener, andere sagen »Brotröster« zu dem, was ihnen ein Mitbürger hier als neues Opernhaus beschert hat. Doppelt so groß wie das Schauspielhaus, überragt der Bau auch um Längen das gegenüberliegende Königsschloss Amalienborg auf der anderen Hafenseite. Monarchisten und auch manche Republikaner finden, dass sich das nicht gehört.

Schiffsreeder Mærsk Mc-Kinney Møller, 2012 kurz vor seinem 100. Geburtstag gestorben, wollte es so. Der mächtigste, reichste und konservativste Kapitalist Dänemarks im 20. Jahrhundert bekam es so. Wider jede Vernunft wurde der Bau auf eine kleine Insel gesetzt, nur schwer zu erreichen für das Publikum. Paddeln Sie mal im Opernoutfit quer über den Hafen, oder trippeln Sie in Stöckelschuhen auf die gelben Boote des *havnebus*. Mc-Kinney Møller scherten solche Kleinigkeiten nicht. Das selbst gesetzte Denkmal musste um jeden Preis in einer »Sichtachse« mit Königin Margrethes Amalienborg platziert werden. Sonst hätte es die 400 Millionen Euro für die

Oper nicht gegeben. Die Hälfte davon holte sich der Spender als Steuerabzug zurück.

Für seine »Schenkung« befahl der Herr über die größte Containerflotte der Welt dem Architekten Henning Larsen ganz einfach den Kühlergrill an der Vorderfront. Larsen verabscheute ihn und hat seinen Gehorsam bitter bereut. Innen ist alles vom Feinsten, reichlich groß und viel zu teuer im Unterhalt.

Hier sind das Gleichgewicht und das »menschliche Maß« auf der Strecke geblieben. »Nå ja«, »nun ja«, wird Kopenhagen jetzt beschwichtigend entgegnen. Natürlich sei das mit der Oper nicht so gut gelaufen und der Wohnungsmarkt aus dem Lot geraten. Aber sonst? Funktioniert nicht alles fast perfekt, auch das schnelle Schneeräumen auf den Radwegen? Sie haben im Winter dieselbe Priorität wie die wichtigen Autostraßen. Wie soll man sonst zur Arbeit radeln? Ist die Stadt nicht aufgeblüht in den letzten zwei Jahrzehnten, und will Kopenhagen nicht schon 2025 die erste Metropole der Welt mit klimaneutraler Energieversorgung sein?

Man hört generell wenig Negatives von Kopenhagenern über ihre Stadt. Eigentlich nie. Den Eindruck nahm schon 1865 Theodor Fontane mit zurück nach Berlin und Brandenburg: »Kopenhagen ist so recht eine Stadt zum Lieben, von der ich es wohl begreife, dass das Herz seiner Bewohner innig daran hängt.« Ihm missfiel die Übertreibung: »Freilich auch nur in einer bis zum Übermaß und bis zur Verkennung des realen Wertes gesteigerten Begeisterung.«

Das stimmt immer noch. Aber nach meinem Eindruck schafft die maßlose Begeisterung sogar noch zusätzliche Lebensqualität, wenn fast alle denken: Wir leben gerne hier und tragen mit unserem positiven Grundgefühl dazu bei, dass es anderen genauso geht. Wohlfühlen kann ansteckend sein, ich habe es selbst erlebt.

Zu den am meisten gepriesenen Vorzügen der Stadt gehört die tägliche Freiheit, mit umweltfreundlichen Fortbewegungsmitteln zügig und ohne Gedränge unterwegs zu sein. Das gilt sogar für die Königlichen in Kopenhagen. König Christian X. führte es zwischen 1940 und 1945 bei seinen morgendlichen Ausritten mitten durch die Stadt vor. Sie sind als Zeichen der Selbstbehauptung während der deutschen Besatzung zur Legende geworden. Auf historischen Filmaufnahmen ist zu sehen, wie dem erst mutterseelenallein, mit rankem Rücken und ernster Miene von Schloss Amalienborg losreitenden Monarchen ein nach und nach wachsender Pulk gut gelauner Untertanen folgt. Natürlich auf dem Fahrrad.

Auch Christians Urenkel Frederik kann jeder, der will, beim alltäglichen Verlassen seines Amalienborg-Palais auf einem Sattel bewundern. Der Kronprinz und Prinzessin Mary bringen ihre Zwillingskinder Vincent und Josephine immer mal wieder mit einem Lastendreirad zum Kindergarten. Sie machen es einfach wie viele andere, auch im Winter. Im Stadtteil Østerbro, wo jüngere und einkommensstarke Kopenhagener gern zentrumsnah wohnen, hat ein Viertel aller Familien so ein Ding. Die Quote übersteigt sicher bald die beständig sinkende der Autobesitzer. Dass diese Dreiräder mit allerlei Zubehör ein paar tausend Euro kosten, ist kein Hindernis. Autos sind in Dänemark wegen der hohen Besteuerung bis zu doppelt so teuer wie in Deutschland.

Ein schönes Getto

Wer sich für Kopenhagen als Vielvölkerstadt interessiert, geht ins wilde Nørrebro. Zu Fuß oder mit dem Rad aus *middelalderbyen*, der Mittelalterstadt, oder mit Bus, Metro oder S-Bahn, nur bloß nicht im Auto. Die Abstände sind so überschaubar in dieser Stadt, auch zu dem für viele attraktivsten und interessantesten Stadtteil, wegen des – Sie ahnen es – hohen Migrantenanteils.

Nørrebro ist rauer als der Rest von Kopenhagen und reagiert widerborstiger auf gut gemeinte Anläufe zur Verschönerung. Besser ein bisschen dreckig als zu glatt. Dabei lädt der Assistens Kierkegaard, der Assistens-Friedhof, auf die denkbar freundlichste Art in den Stadtteil ein. Hier haben Hans Christian Andersen, Søren Kierkegaard, der Atomphysiker und Nobelpreisträger Niels Bohr, die jung gestorbene Rapperin Natasja Saad neben anderen Berühmtheiten und weniger Berühmten ihr Grab. Mittendrin wird zugleich der Tod betrauert und das Leben genossen. Die Leute kommen zum Picknick, Studenten schmökern auf dem Rasen in ihren Büchern oder den elektronischen Weiterentwicklungen, andere spielen Badminton, und man kann auch durchradeln.

Das war schon immer so, ohne dass jemand dazu philosophische oder theologische Traktate ausgetüftelt hätte. Den Kopenhagenern fehlten im 19. Jahrhundert schnell erreichbare Ausflugsziele im Grünen. Sie dachten praktisch. Warum nicht den Friedhofspark auch ein bisschen anders nutzen? Wie Andersen beschrieb, machte man »am Sonntag einen Spaziergang aus dem Tor heraus nach dem Kirchhofe, las die Grabinschriften, setzte sich ins Gras, aß aus seinem mitgenommenem Korbe und trank einen Schnaps dazu«. Seit seinem Tod 1875 kann er diese Besuche aus einer anderen Perspektive betrachten. Sie müssten ihm und den anderen hier Ruhenden wohl gefallen, stelle ich mir vor.

Nørrebro ist zweigeteilt. Auf der einen Seite blüht es mit immer mehr bunt gemixten Cafés, Restaurants, Bars, Ethnoläden und durchsaniert teuren Altbauwohnungen. Die Kopenhagener können ihr Verlangen nach möglichst viel Berlinflair hier besser stillen als überall sonst in ihrer wohlgeordneten

Stadt. »Gefährlich« als Name für ein Restaurant mit Nachtklub scheint da hübsch erfunden. Aber wirklich gefährlich an Nørrebro sind weder das Nachtleben noch die Selbstironie von Hipstern mit Schankgenehmigung. Auch Punks und Autonome schlagen sich längst nicht mehr mit der Polizei. Sie sind müde geworden oder in billigere Gegenden ausgewichen. Sorgen machen auf der Nordseite von Nørrebro eher die *ghettos* und auch, was viele Leute darüber denken. Einmal im Jahr veröffentlicht die Regierung eine *ghettoliste* der »besonders belasteten Wohngebiete«.

Wofür der Gettobegriff in der europäischen Geschichte steht, war den Politikern gleichgültig, als sie die Liste mit diesem Namen einführten. Erstens sei es eine lobenswerte dänische Eigenart, die Dinge unverblümt beim Namen zu nennen. Zweitens solle die Liste mit zuletzt 25 Einträgen ein Ansporn sein, den eigenen Stadtteil durch praktische Verbesserungen von diesem Pranger verschwinden zu lassen. 2015 gelang das in neun Fällen, drei *ghettos* kamen neu dazu. Die Wohnsiedlung Mjølnerparken in Nørrebro steht mit den schlechtesten Werten stabil an der Spitze der Liste. Der Kiezbetreuer Eskild Dahl Pedersen kennt den Alltag der Mieter. Über den als Symbol für fehlgeschlagene Integration verschrienen Mjølnerpark sagt er: »Auch Migranten haben bei uns einen hohen Wohnstandard. Slum ist das hier nun wirklich nicht.« Er kann zur Bestätigung von seinem Bürofenster auf »Superkilen«, den »Superkeil«, zeigen, noch eine architektonische Perle des neuen Kopenhagen, auch wieder (mit) entworfen von Bjarke Ingels: ein drei Kilometer langer Multikulti-Stadtpark mit buntem Asphalt in den Farben Grün-Rot-Schwarz, wie die palästinensische Nationalflagge, echten Palmen, Rasen, Kinderspielflächen und Sportmöglichkeiten in wildem Wechsel. Das belebt mit sprudelndem Freiluftleben den verrufenen Nordwesten Kopenhagens.

Durch den Park führt der Weg zurück zum Zentrum, autofrei, über die Jægersborggade, die bewundernd »Klein Berlin« genannt wird. In einem Stadtporträt steht geschrieben: »Die Jægersborggade ist eine fantastische Geschichte über den Sieg des Guten.« Bis vor ein paar Jahren herrschten die Hells Angels mit ihren Drogendealern auf der heruntergekommenen Straße wie Mafiabosse. Praktisch denkende Anwohner schlossen sich zu einer Genossenschaft zusammen und kauften nach und nach alle Häuser. Von nun an bestimmten sie selbst, wer hier einziehen konnte. Durch Ansiedlung von schicken »Nischengeschäften« für Gastronomie, Mode und Biolebensmittel verwandelten die Genossenschaftler ihre Straße in eine attraktive Einkaufszeile. Statt der Rocker und ihrer Handlanger füllen jetzt Gourmets auf dem Weg ins kleine Kellerrestaurant »Relæ« mit Michelin-Stern die Jægersborggade. Weiter Richtung Innenstadt, mitten durch den Assistens-Friedhof, landen wir auf dem Blågårds Plads am südlichen Ende von Nørrebro. Mehr Multikulti gibt es in Kopenhagen nicht. Der Platz hat den amtlichen Stempel als *ghetto* verloren, weil die schlimmen Kennzahlen nicht mehr ganz so schlimm sind. Hier mussten sich früher Ladenbesitzer vor den Schutzgeldforderungen von Jugendgangs fürchten. Jüdische Kopenhagener mit Kippa auf dem Kopf können sich mitunter immer noch nicht ganz sicher fühlen. Doch schon als die Situation noch angespannter war, bekam eine Kopenhagenerin, die Touristen aus den USA durch das Viertel führte und alles unverblümt erklärte, zur Antwort: »Wir haben noch nie so ein schönes Getto gesehen.«

Das Ende der Kopenhagenrundfahrt rückt näher. »Dänen sehen gut aus. Dänen kleiden sich schick. Dänen fahren alle mit dem Fahrrad. Dänen sind immer freundlich. Und Dänen sprechen alle sehr gut Englisch«, las ich bei einem Blogger aus Österreich. Er fand alle positiven Klischees vor Ort ausnahmslos bestätigt. Wie auch den nicht ganz so positiven Ruf Kopenhagens als teures Pflaster: Die Cafés, die Restaurants, das Waffeleis (man peppt es hier gern mit einem platt gedrückten *flødebolle*, politisch inkorrekt übersetzt: Mohrenkopf, Schlagsahne und Erdbeermarmelade auf, einfach alles obendrauf), die Textilien, die Metrofahrt, der Eintritt in die Oper und ins Kino, die Designerläden – das Wort »billig« scheint nicht zu existieren.

Ein bisschen traurig bin ich schon, dass jetzt Schluss sein soll mit dem Kopenhagenkapitel. Eben noch ein kleiner Bekennerbrief:

Liebes Kopenhagen,
unsere Beziehung ist ein bisschen ungleich, allein der
Altersunterschied von 900 Jahren. Vor Dir hatte ich nur drei
ernsthafte Beziehungen zu Städten. Was ist das schon?
Ein bisschen ungerecht auch, dass Du in letzter Zeit so
verjüngt wirkst. Die Schar Deiner Bewunderer wächst
und wächst. Beides lässt sich von mir nicht sagen. Aber
jetzt soll nur von Dir die Rede sein und warum Du den
Adrenalinspiegel von so einem wie mir auch nach drei
Jahrzehnten immer wieder spielend heben kannst. Mir
geht es nach all den Jahren genauso wie den Unzähligen,
die sich an einem Wochenende auf den ersten Blick in Dich
verlieben. Du verstehst?
Dein freundliches Gesicht strahlt besonders unwiderstehlich
im Sommer. Mir gefällt das schöne Äußere, das muss
ich zugeben, das elegant und milde in die Jahre
gekommene Antlitz, eingerahmt vom Glitzern des Wassers,
wenn die Sonne denn scheint. Dann fühlt man sich
besonders gut aufgehoben bei Dir. Du bist nicht so groß
gewachsen und bietest Deine Schönheit ohne Zier, dafür
voller Freundlichkeit dar.

*In Deinem Rathaus konnten sich 1989 homosexuelle
Paare zum ersten Mal auf der Welt ganz normal das
Jawort geben. Du hast alte und starre Geschlechterrollen
mit lebensfroh wärmender Offenheit abgeschafft. Genauso
fühlt sich die Luft im Juli an, bei den Konzerten des
Jazzfestivals auf Deinen vielen alten Plätzen ohne Autos.
Wie Du überhaupt so viele einladende Plätze hast,
endlos viele kleine am Wasser und auch größere mitten im
Zentrum, aber nie gewaltig große. Überall kann man sich
in Ruhe niederlassen und die Aussicht ohne erdrückende
Hochhäuser und nervenden Verkehrslärm genießen. Deine
Plätze, liebes Kopenhagen, laden dazu ein, einander näher-
zukommen.
Hoffentlich bist Du Dir darüber im Klaren, was für ein
gewaltiges Pfund Du da hast. Dir eifern viele andere
Metropolen nach, zum Beispiel mit neuen Radwegen.
Das ist gut so, aber längst nicht alles. Vor der Heimreise
fragen Besucher Leute wie mich oft nach dem Rezept für
Deine beneidenswert gute Stimmungslage. Das ist doch ein
unschlagbares Kompliment, oder?
Wie sagt man noch über die »glückende« Liebesbeziehung?
Dass sie einen zum besseren Menschen macht. Ich bin
sicher, dass Du mir zu einem milderen und lebensfroheren
Blick verholfen hast, Kopenhagen. Tausend Dank dafür
und jetzt genug gesülzt. Wann bügelst Du den Flop mit
der Oper aus und sorgst als Wiedergutmachung für mehr
bezahlbare Mietwohnungen nach den Plänen Deiner
menschenfreundlichen Architekten?*

                                  Kærlig hilsen! *Liebe Grüße!*

Hyggt euch!

Mein erstes dänisches Fest war die eigene Hochzeit. Ellens Familie richtete sie in Kopenhagen aus. Zur Begrüßung der deutschen Gäste schwenkten die Gastgeber auf dem Bahnsteig jede Menge Dannebrogs und ein paar schwarz-rot-goldene Fähnchen. Staunen bei den Ankömmlingen. Als dann der Festsaal auch noch heftig mit Nationalflaggen geschmückt war, kamen diskrete Rückfragen: »In was für einen Laden bist du denn hier geraten?« Ich hatte keinen Schimmer. Das sei einfach nur ein Ausdruck von Feststimmung, hörten wir. *Hygge* eben.

Auf allen Plätzen lagen Namenskärtchen. Die Tischordnung war mit derselben Sorgfalt ausgetüftelt wie Blumenarrangements japanischer Ikebana-Künstler. Alles muss passen für die *hygge*. Bei dieser ersten Veranstaltung bekam ich automatisch den Platz zwischen Braut und Schwiegermutter. Danach haben Familienfeste aller Art, Betriebsweihnachtsfeste, Vereinsfeste und allerlei andere Feste immer wieder aufs Neue die Nervosität nach dem Begrüßungsaperitif gebracht: Wer wird die Tischdame oder der Tischherr zur Rechten und wer zur Linken? Zweieinhalb Stunden harte Konversationsarbeit oder eher Spaß, abhängig auch vom Alkoholpegel, und eventuell ein bisschen Flirt ab Hauptgericht? Wie auch immer die Sache ausgeht, man wird einander anschließend versichern, es sei schön gewesen: »Det var hyggeligt.«

Die Spielregeln sind erlernbar. Bei der Premiere nach dem Jawort ergoss sich die dänische Sanges- und Festredenfreude noch als Überraschung über mich. Erst stimmte Neuschwager Knut aus dem Nichts und a capella seine Glanznummer »Ølhunden glammer« an, »Der Bierhund bellt«. Alle kennen die melancholisch selbstverliebte Trinker-Ode: »Wenn der Bierhund in dir bellt, reich ihm ein Pils.« Von der Wiege bis zur Bahre und warum nicht auch morgens? Damit dieser beste innere Freund des Menschen nie vertrocknen möge. Das Lied ist nicht irgendein Gassenhauer. Poul Henningsen, Dänemarks einflussreichster Intellektueller des letzten Jahrhunderts, als Autor, Designer, Architekt ein überragender Kulturleuchtturm, hat es 1929 geschrieben. Wie immer man zu Oden an den Alkohol steht: Knut verbreitet ganz enorme *hygge*.

Kaum hat er den verdienten Beifall eingesammelt und sich gesetzt, teilen andere emsig Blätter aus, in Rot-Weiß zusammengehalten von selbstklebenden Nationalfähnchen. Sie haben ein Festlied geschrieben, und nun soll es von allen im Saal gemeinsam gesungen werden. Irgendein bekanntes Volkslied, heiter umgetextet. Dass die blonde Ellen ihren Tysker-Bräutigam, obwohl er doch so schüchtern war, trallallala, und noch einmal. Der *hygge*-Faktor steigt und steigt…

Und noch ist keine einzige Festrede gehalten. Rechnen Sie pro dänischem Familienfest, von der Konfirmation über runde Geburtstage bis zur diamantenen Hochzeit, in Einzelfällen auch bei einer Trauerfeier, mit Minimum je drei selbst gereimten Festliedern und Festreden unterschiedlicher Qualität zu Ehren der Hauptpersonen. Für die Platzierung von Reden nannte Schwager Knut, ein Meister auch dieses Fachs, als Faustregel: »Es läuft am besten, wenn der Redner noch nüchtern ist und die Versammlung schon ein bisschen, aber noch nicht richtig blau.« Im umgekehrten Fall könne man böse auf die Nase fallen.

Bei diesem Auftritt ging es gut. Alle verliebten wir uns in die ungewohnte Festkultur. Vier Generationen von herumtobenden Kindern bis zu ruhiger gewordenen Alten feierten unbeschwert zusammen und bewegten sich sicher durch ihre altmodischen Rituale. Lässig strahlte die Gruppe Geborgenheit aus. Standesunterschiede schienen hier keine Rolle zu spielen. Wenn das dänische *hygge* war, wollte man sich gern ein Scheibchen abschneiden und mit über die Grenze nehmen. Beim Abschied auf dem Bahnsteig wurden wieder Fähnchen geschwenkt. Die deutschen Freunde waren nicht mehr beunruhigt: »Wir haben verstanden. Wann ist das nächste Fest?«

Böse geht die Sache in Thomas Vinterbergs Kinoklassiker »Festen« (»Das Fest«) aus, wenn Christian seinem Vater zum 60. Geburtstag zwei verschiedene Reden anbietet: die grüne und die gelbe. Der Senior entscheidet sich grinsend für die grüne, vom Sohn als »interessante Wahl« kommentiert. Es folgt nicht die übliche Festansprache mit viel Zuckerguss, drei kecken Witzchen und den abschließenden »Hurra«-Rufen auf die Hauptperson: aufstehen, drei zackig kurze und ein langes Hurraaaa, dann anstoßen mit *skål* und wieder setzen. Christian hält seine »Wahrheitsrede«: Der Vater hatte die eigenen Kinder missbraucht. Jetzt kracht die *hygge* wirklich mal zusammen, auch wenn die Festversammlung bis in den frühen Morgen tapfer und trinkend um deren Auferstehung kämpft.

Es geht um viel mehr als nur Gemütlichkeit, auch wenn das laut Wörterbuch die korrekte Übersetzung sein soll. *At hygge* ist in der eigenen Sprache nicht ohne Grund auch ein aktives Verb: gemütlichen. *Hygge* durchdringe das ganze Leben, glauben Dänen. Bis auf die Arbeit vielleicht. Eine 300-Seiten-Doktorarbeit zum Thema startet mit folgender Definition: »*hygge* ist ein angenehmes, hoch eingeschätztes Alltagserleben von Geborgenheit, Gleichheit und persönlicher Ganzheitlichkeit mit spontanem sozialen Flow.« Lesefreundlicher klingt die Kapitelüberschrift »Money can't buy me *hyyge*«.

Ein paar Beispiele aus dem Alltag: einfach irgendwo am Strand, im Seglerhafen, am Kopenhagener Hafen oder auf einer Bank vor dem Sommerhaus auf das Wasser gucken – *hygge*. Als wir unserem Treppenhaus zusammen mit den Nachbarn einen neuen Anstrich verpassten und dabei so munter palaverten, dass es viel zu lange dauerte: noch mehr *hygge*. Die Tour im Kopenhagener Vergnügungspark Tivoli mit den Kindern: welche *hygge*! Der *fredagsbajer*, das gemeinsame Bürobierchen am frühen Freitagnachmittag: ooh, so viel *hygge*! Das Lagerfeuer zum Mittsommerfest mit Gesang und besinnlicher Festansprache – ein *hygge*-Highlight. Die komplette Familie vor der Glotze beim Eurovision Song Contest: extreme *hygge*.

Die Popularität von Anwärtern auf politische Spitzenposten wird gerne auch an ihrem *hygge*-Potenzial gemessen. Man erhebt dazu ein richtiges Meinungsbild mit der Frage: »Kannst du dir eher vorstellen, mit Lars Løkke Rasmussen oder mit Helle Thorning-Schmidt *hyggeligt* ein Bier zu trinken?« Beide haben es an die Kabinettsspitze gebracht. Der Dezember ist eine einzige *hygge*-Orgie. Es rufen die *julefrokoster*, die Weihnachtsfeiern an den Arbeitsplätzen, in den Vereinen, mit den Uni-Lesegruppen und auch bei den Flüchtlingshelfern. Auf der Betriebsfeier im Dezember darf man ungestraft den Kollegen oder die Kollegin anbaggern und/oder den Chef oder die Chefin anpöbeln. Da kann die *hygge* manchmal etwas überkochen.

Wehe dem, der in der Zeit vor *jul*, also vor Weihnachten, mit sagen wir mal drei schulpflichtigen Kindern die *julehygge* auf dem Plan stehen hat. Eltern hetzen von *hygge* zu *hygge*. Die vielen Feiern, kostenpflichtigen Weihnachtsmärkte, etliche populäre »TV-Weihnachtskalender« (tägliche Sendungen mit 24 spannenden Episoden für die ganze Familie, die man einfach gesehen haben muss) – es ist eine harte Zeit, und das sage ich mit drei nicht mehr schulpflichtigen Kindern. Fragt man teilnahmsvoll direkt Betroffene danach, und jetzt kommt der große Houdini-Selbstentfesselungstrick, wird die Antwort immer lauten: »Ja, es ist hart. *Men vi hygger os.* Aber wir gemütlichen uns.«

Wir *hyggen*, also sind wir. Es hat was von ständig neu gelingender kollektiver Selbsthypnose, wenn wir schon bei Zaubertricks sind. Ich mache meistens gerne mit. An unserem 25. Hochzeitstag klingelte morgens um halb sieben unangekündigt ein Häufchen guter Freunde, alle geprägt von der 68er-Kultur mit eher skeptischem Blick auf das kleinbürgerliche Großereignis »Silberhochzeit«. Frierend sangen sie uns beiden Jubilaren vor der Haustür ein paar Ständchen vom Blatt. Unter dem Arm Brötchen und eine Flasche Likör *(Gammel Dansk)*, den dann doch niemand anrührte. Das war keine postmodern selbstironische Inszenierung. Es gehört zur Festtradition seit den Urgroßeltern. Solche Traditionen haben als Leim immer gut gehalten. Nach den Brötchen mit Kaffee sagten alle: »Det var hyggeligt.« Dann ging es zur Arbeit.

Das war die gelbe Rede, jetzt kommt die grüne.

Wer das Glaubensbekenntnis zu diesem Nationalheiligtum verweigert, riskiert viel. An sozialen Selbstmord grenzt, was eine Kollegin von einem Festessen mit Namenskärtchen berichtete: »Ich habe die *hygge* zerstört.« Oh Schreck, was war passiert? »Irgendwann konnte ich die rassistischen Schweinereien meines Tischnachbarn nicht mehr ertragen und habe dagegengehalten.« Derselbe Regelbruch wie in Vinterbergs Film. So etwas gehört sich einfach nicht. Das weiß nun wirklich jedes dänische Kind.

Die Kollegin hätte es bei ihrem Landsmann Jørgen Øllgaard nachschlagen können: »*Hygge* ist das Diktat eines konfliktfreien Zusammenseins, geboren aus kleinbürgerlicher Konfliktscheu.« Der Brite Michael Booth hat die Regeln nach und nach als Zugewanderter gelernt, aber keinen Gefallen am Resultat gefunden. In seinem Dänemarkbuch »Der er et lykkeligt land« (Es gibt da ein glückliches Land) nennt er *hygge* das »tyrannisch gnadenlose Streben nach einem mittelmäßigen Konsens«. Nach 30 Jahren im Land schrieb der Schwede Lars Dencik: »Die dänische *hygge* ist per Definition nur etwas für richtige Dänen.« Einspruch: Man ist ohne dänischen Geburtsschein dabei, wenn man sich den Regeln anpasst. Meistens mache ich das und nehme die *hygge* als angenehme weiche Droge mit.

Sie wird auch als Exportware genutzt. »*Hygge* ist einzigartig dänisch«, schreibt VisitDenmark in der Weihnachtswerbung für Kopenhagentrips. Zuwanderern erklären die Behörden in 18 Sprachen: »In Dänemark sind wir stolz auf unsere Kultur. Ein Kernbegriff der dänischen Kultur ist unter normalen Dänen der Begriff *hygge*. *Hygge* ist ein Gefühl, das in Gemeinschaft mit anderen entsteht und dadurch gekennzeichnet ist, dass man sich wohlfühlt und entspannt.« Das weckt bei mir Erinnerungen an einen WG-Mitbewohner in jungen Jahren. Wenn Werner seinem Sohn den Ernst der Lage unmissverständlich klarmachen wollte, zischte er drohend über den Küchentisch: »Dirk, wir machen es uns jetzt GEMÜTLICH.«

Anderswo lässt sich nachlesen, wie auch die Menschen in allen möglichen Ländern zwischen Belgien, Nepal, Ecuador Kulturtechniken für gemeinsames Wohlsein entwickelt haben. So stellt Ebba D. Drolshagen in ihrer mitreißenden »Gebrauchsanweisung für Norwegen« (bis 1815 Teil des Königreichs Dänemark) den *snillisme* vor. Dieses Prinzip sei mit Harmoniesucht nur unzureichend übersetzt: »*Snill* bedeutet lieb und nett. Das charakterisiert den normalen Umgangston der Norweger untereinander und macht den Alltag sehr angenehm.« Die Autorin kreiert als Übersetzung für *snillisme* den deutschen Begriff »Nettismus«.

Probieren wir es parallel dazu mit der Einführung von »Hyggismus«. Die *hygge* ist im Selbstverständnis der Dänen ein staatstragendes Prinzip. Sie hat den Ismus wahrlich verdient. Das ist keinesfalls höhnisch gemeint und darf es von mir *hygge*-Trittbrettfahrer auch nicht sein. In das übertriebene Selbstlob der Hyggisten muss man ja nicht jedes Mal einstimmen, auch wenn es als ständig wiederholtes Mantra durchaus verstärkend wirkt. Also dann: »*I må hygge jer!* – Hyggt euch!«

An meinen Hofdackel

Jedes Jahr am 16. April steht bei Kopenhagener Kindergärten derselbe Ausflug auf dem Programm: mit Metro und Bus zum Schloss Amalienborg, Königin Margrethe gratulieren. Man muss pünktlich sein, denn Schlag zwölf tritt das Geburtstagskind auf den Balkon und winkt zurück, wenn Tausende, an runden Jubiläen sogar Zehntausende rot-weiße Papierfähnchen himmelwärts geschwenkt werden. Auch junge Männer im Vaterschaftsurlaub mit einem ganz Kleinen auf der Schulter füllen den Schlossplatz neben graublonden oder weißhaarigen Damen und auffallend vielen Zuwanderern mit dunklerer Haarpracht. Plus viele Kindergartenkinder und Betreuer. Ein Blasorchester spielt die »Königshymne«, alle rufen »Hurra«, das kurze und das lange, wie es sich bei dänischen Geburtstagsfeiern gehört. An der Echtheit der Sympathien für die Jubilarin kann niemand zweifeln, der dieses Schauspiel wie in längst abgehakten Operettenzeiten miterlebt hat.

Natürlich ließe es sich auch als raffiniert frühzeitige Ausrichtung von Kindern auf die Monarchie interpretieren. Bei den Marathonsendungen zu royalen Feiern behandeln seltsam untertänige TV-Kommentatoren ganz Dänemark wie einen Haufen Kleinkinder. Sie klingen wie aus besagten Operettenzeiten. Warum ich es trotzdem nie so recht schaffe, scharfe republikanische Munition gegen das älteste europäische Königshaus abzufeuern, ist mir bei einer anderen Begegnung der Königin mit ihrem Volk klar geworden.

Alle kennen Margrethes und Prinz Henriks Faible für Dackel. Der Ehemann war 1934 als Graf Henri Marie Jean André de Laborde de Monpezat aus dem niederen französischen Landadel zur Welt gekommen. 59 Jahre später ging er mit seinem Hofhund Asterix und Zenobie, dem der Gattin, Gassi vor Schloss Fredensborg. Bei der Rückkehr zur Sommerresidenz nördlich von Kopenhagen fehlte Zenobie. Ob und wie es Schelte setzte, ist nicht überliefert, die Verzweiflung der Königin dagegen unvergesslich.

Drei Wochen lang suchte sie immer und immer wieder im Gribskov, einem der größten Wälder im ganzen Königreich. Margrethe legte »Schnüffeldepots« mit Textilien aus dem Schloss und Zenobies Lieblingsleberpastete (inklusive eingelegten Wachteleiern) an. Als all das den Dackel nicht zurückbrachte, erließ die Königin schriftlich einen Aufruf an ihr Volk: Helft suchen! Umgehend streiften Bürger in Scharen durch den Wald, Würstchen schwenkend und mit dem Ruf »Zeeenooobiiie« auf den Lippen. Die Medien berichteten ausführlich von der Vermisstensuche und übertrieben sicher die Zahl der Würstchenschwenker kräftig. Es nutzte alles nichts. Diesen Hofhund hatte wahrscheinlich längst ein Fuchs verspeist. Die Königin bedankte sich für die »einzigartige Anteilnahme« und akzeptierte erst beim nächsten Weihnachtsfest als Geschenk vom Ehemann die neue Hofdackeldame Celimene.

Wer könnte da noch böse sein? Die Zustimmungsrate zur tausend Jahre alten Monarchie ist deutlich höher als bei den

Nachbarn in Schweden und Norwegen und die höchste in ganz Europa. Es liegt an dieser einen Person. Die Königin hält konstant eine Zustimmung von 90 Prozent zu ihrer Amtsführung. Einsame Spitze.

Trägt sie ihre TV-Neujahrsansprache vor, abgeschlossen immer mit einem leicht im Oberklassendänisch genäselten: »Gud bevare Danmark!«, »Gott erhalte Dänemark!«, unterbricht das ganze Land die noch jungen Silvesterfeste. Es sind nur zehn Minuten voller Floskeln und harmloser Alltagsphilosophie, mit den besten Wünschen an die dänischen Seeleute draußen auf den Meeren und besonders auch nach Grönland und auf die Færøer im Nordatlantik. Aber alle lauschen jedes Jahr gespannt. Wird sie einen selbstkritischen Satz zur abweisenden Behandlung »der Fremden bei uns« einbauen? Sie hat es schon getan, vor Längerem, und das Echo hielt noch Jahre an. Natürlich war es fast einhellig positiv. Oder redet sie umgekehrt den Zuwanderern ins Gewissen, weil es ohne Erlernen der Sprache und Annahme der Kultur im neuen Land nicht klappen kann mit der Integration? Der Redentrend ging zuletzt in diese Richtung.

Die Königin steht zu ihrer Nikotinsucht. Wenn das schon das schlimmste Laster ist! Ohne Furcht stellt sie eigene Werke als autodidaktische Multikünstlerin der Öffentlichkeit vor. Margrethe wirbelt als Bühnenbildnerin, Teppichdesignerin, Buchillustratorin, Übersetzerin, Scherenschneiderin, Aquarellmalerin. Gibt es, was selten vorkommt, wegen royaler Extrawürste Kontra von einem Profi im Fach, kann die nette Margrethe auch kratzbürstig werden oder in Tränen ausbrechen. Sollte jemand die Frau auf dem Thron tatsächlich mal duzen, wie es sonst alle normalsterblichen Dänen miteinander halten, reicht eine lächelnd abgefeuerte Zurechtweisung: »Junger Mann, wir sind wohl nicht zusammen auf die Schule gegangen.«

Man staunt hin und wieder, wie sie die vielen künstlerischen Aktivitäten unter einen Hut bringt mit den Staatsbesuchen, Einweihungen, Theatergalas, feierlichen Parlamentseröffnungen, Ministerernennungen und der Sommertour auf der Königsjacht *Dannebrog* von einem Provinzhafen zum nächsten. Vielleicht haben sich diese royalen Pflichten tatsächlich immer in überschaubaren Grenzen gehalten, wie Kritiker behaupten?

Was zählt, ist unter dem Strich: Als Königin Margrethe II. 1972 antrat, lag die Zustimmung zur Monarchie bei existenzgefährdenden 40 Prozent. Sie galt als verklemmte junge Frau ohne jedes Talent für öffentliche Auftritte. Vergleicht man die Startbedingungen mit heute, bleibt auch Republikanern nichts anderes übrig, als den Hut zu ziehen. Mit sicherem Instinkt für den Zeitgeist und dabei unverstellt erfüllt diese Regentin durch ihre Person das Bedürfnis nach einem einigenden Symbol, in dem sich alle wiederfinden können.

So unanfechtbar ist ihr guter Ruf, dass Risse im Lack entweder anderen angelastet oder als authentisch zugunsten der Regentin ausgelegt werden. Erfolg hat »Daisy«, ihr Spitzname im eigenen Clan, sogar mit der hin und wieder vorgebrachten Selbstkritik, sie sei »bestimmt keine gute Mutter« für ihre Söhne Frederik und Joachim. Ergänzt wird das seit ein paar Jahren um »bestimmt keine gute Großmutter« für die acht Enkel. Mit halb verschämtem, halb kokettem Lächeln wandert der Blick nach unten zum Teppich, wenn sie beim Fernsehinterview von gern genutzten »Entlastungsmöglichkeiten« spricht, die ihre Stellung nun mal mit sich bringe. So ein Outing schafft nicht jeder.

Das hilflose Herumsuchen zwischen Manuskriptseiten bei einer der letzten Neujahrsansprachen mobilisierte Mitleid. Wie menschlich! Musste doch die damals 75-Jährige die »Selbstpensionierung« ihres sechs Jahre älteren Ehemannes bekannt geben. Sie selbst will bis zuletzt auf dem Thron bleiben, aber Henrik hat keine Lust mehr auf royale Pflichten. Schon gar nicht als zweite Garnitur hinter der ranghöheren Gattin.

Darüber hat er immer geklagt: »Ich muss vom Taschengeld meiner Frau leben.« Dann bat er um den Königs- statt des Prinzentitels sowie um die Anrede »Ihre Majestät« statt des matten »Ihre Hoheit«. Aber es hörte ja keiner: »Dänemark, so stolz auf die Gleichstellung der Geschlechter, ist offenbar willig, Ehemänner als minderwertig gegenüber ihren Frauen einzustufen.«

Erotisch lustvoll hat der Prinz Frauen in seiner Gedichtsammlung »Flüsternde Brise« besungen. Über das Zusammensein mit Vierbeinern ist in dem auf Französisch verfassten Gedicht »A mon teckel« (An meinen Dackel) nachzulesen: »Ich liebe es, Dein Fell zu streicheln. Du lieber, du besonderer Hund. Einen Klaps willst du gerne haben. Stolz wie ein Papst empfängst du Schelte wie eine Gnade.« Nun ja.

Kindererziehung sei nicht anders als Pferdezucht, begründete der Prinz sein Eintreten für Klapse auch hier. Bei der elterlichen Silberhochzeit verriet Frederik in seiner Tischrede, dass auch nach dieser Devise gehandelt wurde: »Papa, man sagt, dass man den züchtigt, den man liebt. Wir haben nie an deiner Liebe gezweifelt.«

Später verteidigte der Thronfolger den Vater umso entschiedener. Der sei von »den besserwisserischen Dänen fast zu einem Clown und Monster« verzerrt worden: »Prinz Henrik hat Aksel Sandemoses *Jantelov* am eigenen Leib zu spüren bekommen.« Eine wichtige Bemerkung auch für dieses Buch, denn auf das »Jantegesetz« stößt irgendwann jeder in Dänemark, als Leser, bei Tischreden oder eben in der Wirklichkeit.

»Du sollst nicht glauben, dass du etwas Besonderes bist«, heißt das erste von zehn maliziösen Geboten für das Leben in der skandinavischen Provinz aus Sandemoses »Ein Flüchtling kreuzt seine Spur«. Der Roman von 1933 über das fiktive Nest Jante ist längst vergessen, aber *Janteloven*, das Jantegesetz, hat sich in den Köpfen fest eingenistet. Die neun anderen Gebote gehen so:

> *Du sollst nicht glauben, dass du uns ebenbürtig bist.*
> *Du sollst nicht glauben, dass du klüger bist als wir.*
> *Du sollst dir nicht einbilden, dass du besser bist als wir.*
> *Du sollst nicht glauben, dass du mehr weißt als wir.*
> *Du sollst nicht glauben, dass du mehr wert bist als wir.*
> *Du sollst nicht glauben, dass du zu etwas taugst.*
> *Du sollst nicht über uns lachen.*
> *Du sollst nicht glauben, dass sich irgendjemand um dich kümmert.*
> *Du sollst nicht glauben, dass du uns etwas beibringen kannst.*

Sandemose selbst sah die Regeln als immer neue Varianten eines Prinzips: »Abweichung wird nicht geduldet.« Wenn jemand seinen Kopf zu weit herausreckt, bekommt er auf die Nase, wie der Prinzenvater Henrik. Für den gab es allerdings für seine »Selbstpensionierung« – ohne Kürzung beim Taschengeld – in den sozialen Medien neben viel Schelte und Hohn auch Beifall, gerade weil er im Alter so demonstrativ auf das Jantegesetz gepfiffen hat. Da traute sich mal einer was.

Das dänische Verständnis des Jantegesetzes als heimische Eigenheit finde ich übertrieben. Ganz Ähnliches kannte man doch auch aus der eigenen Kindheit in einem norddeutschen Dorf. Auf dem Land in Portugal oder Irland wird es wohl nicht anders sein. Wenngleich: Dass in Dänemarks Schulen unauffälliger Durchschnitt und freundlich entspannte Anpassung sozial stärker belohnt werden als Ehrgeiz und Außenseiterambitionen, ist schon eine durchgängige Erfahrung mit unseren Kindern gewesen.

Mit diesen Prinzipien sind auch Kronprinz Frederik und der etwas jüngere Bruder Joachim aufgewachsen. Frederik sauste hinter Schlittenhunden 3000 Kilometer über Grönlands Inlandeis und lernte das Tauchen als Elitesoldat bei der Marine. Es war die schönste Zeit seines Lebens, hat er zu Protokoll gegeben und den Spitznamen »Froschmann Pingo« mitgenommen. Er nimmt sich gern und oft Zeit für Segelregatten und ist, so loben brav die Medien, seinen vier Kindern ein prima Vater.

Öffentlich frei reden funktioniert beim Thronfolger weniger gut. Es gab das reinste *volapyk*, sinnfreies Kauderwelsch, als er 2009 seine Kandidatur für das Internationale Olympische Komitee vor einem Mikrofon erklären sollte. Clever war dagegen Frederiks Partnerwahl. Er brachte mit der australischen PR-Frau Mary Donaldson eine Lebenspartnerin ganz anderen Kalibers von den Olympischen Spielen in Sydney mit nach Hause.

Prinzessin Mary ist auf Tasmanien fernab vom Jantegesetz aufgewachsen. Im Interview verkündete sie kurz nach ihrer Installierung am Hof die Notwendigkeit eines »modernen Branding« der Monarchie. Gesagt, getan. Sie betreibt es seitdem intelligent, mit Fleiß, gepflegter Erscheinung und unübersehbarem Ehrgeiz. So scheint das Kopenhagener Königshaus fest in Frauenhand. Man kann sich die Fortsetzung des Geschäftsmodells Monarchie eher mit der australischen Bürgerstochter als dem dänischen Regentensohn auf dem Thron vorstellen. Angelernt funktioniert in diesem Fall besser als angeboren.

Auch die schärfsten Kritiker der Monarchie sind Frauen. Die viel geklickte Bloggerin Anne Sophia Hermansen wettert, dass die Königsfamilie überwiegend auf der faulen Haut liege für das viele Steuergeld fleißiger Dänen. »Wir sind bekannt als Volk, das etwas kann und zupackt. Wir sind nicht die verschwenderische Margrethe, wir sind nicht Joachim, der überhaupt nichts tut, und auch nicht Frederik mit seinen paar Pflichten als Abwechslung von den vielen freien Tagen.« Das ist die neue neoliberale Monarchiekritik, garniert mit etwas altmodischem Nationalismus.

Die Apanagen für die Royals fallen im internationalen Vergleich nicht sonderlich üppig aus. Der Hof findet sie ausgesprochen moderat und erklärt das Einsammeln von gesponserten Limousinen, Freiflüge in Privatjets reicher Landsleute und alle möglichen anderen Gefälligkeiten damit. Als Gegenleistung lässt man sich mit den Gönnern blicken und dient lächelnd als Reklamesäule. Am weitesten hat es Mary mit gesponserter Mode getrieben. »Alle Frauen bewundern sie. Ich habe lange davon geträumt, Mary mit einer meiner Taschen fotografiert zu sehen«, seufzte die Designerin Gitte Carlend. Jede Modefirma würde »ihren rechten Arm dafür geben«. Es hat geklappt mit der Carlend-Tasche, für die Normalkunden 7000 Euro hinblättern. Das war spottbillig im Vergleich zu einem Modell der Firma Hermès am Arm der Prinzessin für 40 000 Euro.

Es ist ein Spiel mit dem Feuer. Die dänische Monarchie lebt in hohem Maß von »Volksnähe«, zu der auch spürbare Bescheidung gehören muss. Die fröhlich-freche Autorin Gretelise Holm schlägt die Privatisierung des Königshauses vor. Man privatisiere ja auch alles andere: »Ein Vorschlag im Sinne des Zeitgeists.« Dann könnten die Monarchisten ihren Spaß selbst finanzieren. Vorsintflutlich und demütigend für alle findet sie, dass die Verfassung den Regenten über das Gesetz hebt: »Der König kann nicht zur Verantwortung gezogen werden; seine Person ist unantastbar«, steht tatsächlich in Paragraf 13.

»Ihr Armen, hineingeboren in die Hölle«, twitterte die Schriftstellerin Suzanne Brøgger Richtung Hof, als Prinzessin Marie von Schlagzeilen hässlich angetastet wurde: Die zweite Frau von Prinz Joachim (nach Prinzessin Alexandra, einer Bürgerstochter aus Hongkong) sei zur Brustvergrößerung in einer litauischen Schönheitsklinik gewesen, schrieb ein Wochenblatt. Auch andere veröffentlichten das mit den »passenden« Bildern. Das Dementi des Hofes verblüffte durch seine Existenz und die Formulierung: Die Prinzessin sei niemals in der angegebenen Klinik und auch nicht in Litauen gewesen. Das war es. Natürlich folgten neue bebilderte Artikel zu den »Interpretationsmöglichkeiten«.

Kopenhagener Klatschblätter haben auch auf hochkriminellen Wegen Kreditkartenabrechnungen der Royals beschafft, um Storys dieses Kalibers an Land zu ziehen. Das tut noch mehr weh als umgekehrt die ewige und genauso schamlose mediale Schönfärberei beim Königshaus. Das gewaltige Interesse, auch des deutschen Lesepublikums, an den Royals ist ungebrochen und wird journalistisch ausgiebig befriedigt – von vielen Korrespondenten mit schlechtem Gewissen und oft genervt. Entspannt zitieren lässt sich der Satz eines Adjutanten auf Schloss Amalienborg: »Wenn es Reinkarnation gibt, möchte ich gern als dänischer Hofhund wiedergeboren werden.«

Exhauptstadt mit Dom und Irrenhaus

Über dem Fjord thront in Roskilde seit 800 Jahren die Domkirke. Im frühen Mittelalter blühte hier die größte Stadt Nordeuropas, nach stolzen dänischen Quellen viel größer als Hamburg und London. Königsstadt ist Roskilde nicht mehr, seit sich die schmale Förde im 15. Jahrhundert als zu flach erwies für die immer größeren Schiffe – Kopenhagen lag 30 Kilometer östlich viel günstiger am offenen Øresund. Aber bis heute überragt der Dom von Roskilde den in der jetzigen Hauptstadt an Größe und geschichtlicher Bedeutung haushoch. Über fast tausend Jahre sind hier 21 Könige und 18 Königinnen zur letzten Ruhe gebettet worden, vielleicht sogar der Wikinger Harald Blåtand, Harald Blauzahn. Er war ursprünglich ein Heide, der an Odin und Thor glaubte, und die Nummer zwei in der tausendjährigen Ahnenreihe dänischer Könige nach Gorm, dem Alten. 965 ließ sich Harald taufen und hier die erste Kirche bauen.

Jedes Jahr in der ersten Juliwoche fühlt sich Roskilde zumindest wieder als Dänemarks Kulturhauptstadt, wenn 130 000

Musikbegeisterte zum Rockfestival strömen. Es ist das zweitgrößte in Europa, das größte Kulturereignis im eigenen Land und hat all die klingenden Namen der Pop- und Rock- und Rapperwelt von Bruce Springsteen über Kanye West bis Björk im Programm. Aber weder die Zahlen noch die Megastars machen Roskilde zu der ganz besonderen Festivaldelikatesse, nach der viele aus gutem Grund süchtig werden. Dafür sorgen vor allem die 30 000 freiwilligen Helfer auf sehr dänische Art und Weise. Weil ich mit der Familie in Roskilde gelebt, das Festival auch als Helfer mitgemacht und diese Sucht ohne Reue durchlebt habe, kann ich ein bisschen aus dem Nähkästchen plaudern.

Bei meinem vorerst letzten im Jahr 2015 waren die zwei Stunden mit den Rolling Stones sehr schön, vor allem ihr unverwüstliches, finster und machtvoll auf uns eindröhnendes »Gimme Shelter«. Am Morgen danach brachte ein Tagesbriefing für Freiwillige wieder Erfreuliches: Die Begeisterung der 80 000 vor der Bühne hatte den Bierumsatz durch die Decke gejagt. Neuer Platzrekord. Verzückt schwärmte der Cheffreiwillige vom Beitrag der 50- bis 65-jährigen Stones-Fans: »Die trinken mehr als unser Stammpublikum zwischen 16 und 30. Sie haben auch mehr Geld dafür.«

Als jemand aus der erstgenannten Gruppe, mit Sprösslingen aus der zweiten beim Festival, hatte ich sofort und leicht beschämt verstanden. Versöhnlich stimmte immerhin der Gedanke an die Badmintonhalle bei uns zu Hause, gleich um die Ecke im Roskildevorort Himmelev. Finanziert hatten den Neubau die Biereinnahmen früherer Jahre und unsere Arbeit als Freiwillige.

Das Festival erblickte das Licht der Welt 1971 als nett chaotisches Hippie-Event. Jetzt ist es hochprofessionell und jedes Jahr noch ein Stück perfekter durchorganisiert. Wie eh und je aber reichen die Organisatoren am Ende Erträge für gute

Zwecke weiter. Im Jahr des Stones-Konzertes gingen umgerechnet 3,5 Millionen Euro an gemeinnützige Einrichtungen in der eigenen Stadt, an europäische Initiativen gegen Jugendarbeitslosigkeit, Integrationsprojekte in Kopenhagen, Amnesty International und viele mehr.

Es gibt, außer für die vielen Musiker und wenige Festivalangestellte, keine mit Geld bezahlte Arbeit hier. Mitglieder des Badmintonklubs Himmelev betreiben einen Kaufmannsladen, die Jugendgruppe der deutsch-dänischen »Grænseforening« sortiert Pfandgut, Eltern aus dem Kinderhort »Gadegården« brutzeln und verkaufen »Gadegården-Burger«, die »Blå Spejdere«, Blaue Pfadfinder aus Hjalte, Backkartoffeln mit Chili-Dip. Elektriker und andere Handwerker opfern zwei Wochen ihres Jahresurlaubs, um am Auf- und Abbau der Infrastruktur mitzuarbeiten. Sie mögen es einfach so.

Das System ist simpel: Jeder leistet 32 Stunden unbezahlte Arbeit, als Gegenleistung gibt es eintrittsfreien Festivalspaß in der restlichen Zeit. Man kann sich individuell oder über einen Verein anmelden. Dänen ziehen Arbeit und Spaß in Gesellschaft eindeutig vor. *Foreningsdanmark*, das Vereinsdänemark, bringt knapp die Hälfte der Bevölkerung zusammen.

In Roskilde muss die Quote wohl noch höher liegen, jedenfalls traf sich beim Festival unsere gesamte Nachbarschaft Jahr für Jahr als Teil des Freiwilligenheeres. Ich half als Freiwilliger der deutsch-dänischen »Grænseforening«, der »Grenzvereinigung«, beim Sortieren von allerlei Pfandsachen. Das hat mir sehr gefallen: Gemeinsame Arbeit ohne Zwang verbindet und erhöht den Spaß am anschließenden Vergnügen enorm.

Dies klingt nach Sinn und Verstand. In Wirklichkeit ist das Roskilde Festival eher ein Irrenhaus. Es gibt ja noch die 100 000 zahlenden Gäste, die einfach eine Woche durchmachen. Es geht um Feiern, Ausrasten zu Musik, Trinken, Flirten mit und ohne Sex – sich viel mehr trauen als im Alltag. Egal, ob die Sonne knallt oder nach drei Tagen Dauerregen das eigene Zelt unter Wasser steht und in knöcheltiefem Matsch getanzt werden muss. *At give slip*, Loslassen, geht in Roskilde leichter als anderswo im Leben.

Dies wird in einer ethnologischen Feldstudie zum Phänomen Roskilde mit dem weithin unbekannten Begriff »Liminalität« umschrieben. Wikipedia erklärt ihn so: »Der Schwellenzustand, in dem sich Individuen oder Gruppen befinden, nachdem sie sich rituell von der herrschenden Sozialordnung gelöst haben.« Man kann die Konsequenzen in ihrer ganzen Pracht spätestens am Abend studieren, wenn eindeutig die Mehrheit auf dem Festivalplatz blau ist. Trotzdem hat selbst die Polizei nur liebe Worte für Roskilde übrig, denn es gibt extrem wenig Gewalt und extrem viel warme Freundlichkeit. Man badet förmlich darin.

Die Kultursoziologin Kristine Munkgård Pedersen hat den Spaß neun Jahre hintereinander mitgemacht und dann die Erklärung mit der Liminalität ausgetüftelt. »Man wird hier leidenschaftlicher, lieber, wilder und freundlicher. Roskilde lädt dazu ein, diese Seite an sich selbst zu entdecken«, sagt sie. Für mich ist, unwissenschaftlich, aber mit enorm viel Feldforschung über drei Jahrzehnte, die Freiwilligenarbeit das wichtigste Fundament.

Stark erschüttert hat es das Unglück im Jahr 2000 während eines Konzerts von Pearl Jam. Neun junge Männer gerieten direkt vor der Bühne unter die nach vorn drückende Menge und wurden zu Tode getrampelt. Hier verbanden sich der Alkohol und andere Drogen mit dem Ausrasten bei Regen und Dunkelheit auf glitschigem Boden und mit zu langsam reagierenden Ordnern zu einer katastrophalen Mischung.

In der Nacht war ich als Journalist auf dem Platz. Um drei Uhr morgens saßen wir, etwa 50 Kollegen, bei einer improvisierten Pressekonferenz. Festivalchef Leif Skov stand extrem unter Schock und kämpfte mit seiner Fassung. Die fragenden Journalisten kämpften, so hat es sich in meine Erinnerung eingegraben, neben dem Schock genauso mit ihrem Kater. Heute erinnert ein Hain mit neun Birken und Granitsteinen vor der »Orange Stage« an die Opfer. Roskilde hat für weitreichende neue Sicherheitsmaßnahmen gesorgt. Glitschiger Boden vor der Bühne wäre so nicht mehr möglich, und die Zuschauer sind ganz anders vor Druck von hinten geschützt. An der »Liminalität« hat sich nichts geändert.

Man kann Roskilde auch ganz anders, als hemmungslosen Konsumrausch gut gepolsterter Mittelklassesprösslinge sehen. Sie werfen mal eben 250 Euro Eintritt und im Durchschnitt 650 Euro für die Wegzehrung bei ihrer einwöchigen Nonstopparty auf den Festivalmarkt. Das fällt jungen Dänen mit dem relativ großzügigen BAföG und dem hohen Mindestlohn leichter als ihren Altersgenossen in Deutschland.

Da lohnt es sich nicht, beim Dauertrinken irgendwo für Pfand anzustehen. Was ist schon eine Krone, umgerechnet 15 Cent? Der Festivalbesucher lässt das Trinkbehältnis einfach fallen, für das Aufsammeln gibt es eine eigene Kaste von »Parias«. Die Pfandsammler kommen aus Ländern wie Nigeria, Ghana, Vietnam, Rumänien und gelegentlich Polen. An der Pfandbude, in der ich mit den jungen Leuten von »Grænseforeningen« annehme und sortiere, müssen sie mit ihren riesigen Plastiksäcken bis zu zehn Stunden anstehen. Auch nachts, hier wird im Dreischichtbetrieb durchgearbeitet. Die Sammler haben Knochenarbeit hinter sich und Demütigungen, wie: »Hau ab, Zigeuner!« zu hören bekommen. Bei Konzerten huschen sie mit verschlossenen Mienen zwischen den Beinen der Fans herum und sammeln wie Schattengewächse den dreckigen Abfall mit Pfandstempel auf. Sie erinnern an den afroamerikanischen Titelhelden in dem Roman »Der unsichtbare Mann« von Ralph Ellison aus den Fünfzigern. Er fühlt sich in New York unsichtbar. Nicht physisch, sondern sozial: Niemand nimmt ihn wahr.

Am Ende der durchgefeierten Woche ist es Abertausenden Festivalteilnehmern zu anstrengend, ihre Campingausrüstungen zusammenzupacken und mitzunehmen. Neu gekaufte Zelte, Luftmatratzen, Schlafsäcke und Kleidung bleiben tonnenweise liegen und müssen »entsorgt« werden. Nach einem verregneten Festival sammelten Freiwillige 4000 Paar liegen gelassener Gummistiefel ein. Roskilde schenkte sie einem Nordseezentrum für Wattwanderungen. Intelligent und zugleich vollkommen verrückt. Man sieht aber auch jedes Jahr, wie Bulldozer diesen obszönen Luxusmüll für die endgültige Beseitigung zusammenschieben.

Eva aus Kopenhagen ist zusammen mit Claus die Cheffreiwillige bei der Pfandarbeit. Sie geht in ihrer Freizeit zu vielen Roskilde-Meetings und arbeitet an Verbesserungen für die Pfandsammler. Herausgekommen ist zum Beispiel der Bau von freundlich durchgestylten »VIP-Lounges« mit Ruheplätzen, Internetanschluss und Handyladestationen für die Ärmsten auf dem Platz. Eva sagt: »Alle sollten Freiwilligenarbeit leisten. Das hier ist mein Beitrag für die Gesellschaft.«

Auch der Gemeinderat der Roskilde Domkirke macht gerne mit und öffnet seine Pforten. Festivalbesucher, die meisten erschöpft, viele verkatert und etliche zerlumpt, dürfen sich für ein paar Stunden zur Ruhe legen, wo Königinnen und Könige seit einem Jahrtausend für immer zur Ruhe gebettet werden. König Christian IV. (1577–1648) lässt ihnen aus seiner pompösen Grabkapelle einen speziellen Gruß zukommen. Von einem Monumentalgemälde an der Wand ermuntert dieser berühmteste aller Dänenkönige seine Soldaten als arg lädierter, aber unerschrockener Schlachtenheld zum Durchhalten.

Singen macht froher

Bertel Haarder hat so viele Ministerjahre hinter sich wie kein anderer Däne: Mit Unterbrechung ein Vierteljahrhundert bekleidete er seit 1982 alle möglichen Kabinettsposten. Er ist umstritten, aber auch Kontrahenten achten ihn als eigenwilligen, in der heimischen Kultur felsenfest verankerten Liberalen. Manche fürchten seine cholerischen Ausbrüche. Besonders schön war der nach einer unabgesprochenen Frage in der TV-Zentrale. »Piss mig i øret«, herrschte Haarder den Interviewer vor laufender Kamera an, wörtlich übersetzt: »Piss mir ins Ohr.« Die deutsche Entsprechung wäre ein Minister, der zum Journalisten sagt, er möge sich ins Knie..., na, Sie wissen schon. Dann beklagte sich Haarder, dass er jetzt schön zu Hause sitzen könnte, statt auf solchen Bockmist zu antworten, und herrschte den Journalisten an: »Du behandelst mich wie Dreck. Dir habe ich das letzte Mal geholfen.« Hinterher entschuldigte er sich und begründete das Ausflippen mit getrübter Stimmung, weil er für das Interview sein Lieblingsgericht Milchreis mit Zimt stehen gelassen habe. Böse war niemand, auch weil Haarder wie ein Jo-Jo vom Mikrofon weg- und wieder zurückgehüpft war: Bleiben oder gehen? Da kämpfte einer sichtlich mit seinen inneren Dämonen.

Der Exminister, zuletzt für Kultur und Kirche, ist auch als fleißiger Liedautor bekannt. Auf meine Frage, worauf er, über all die Jahre gesehen, besonders stolz sei, fischt der hagere Mann einen blauen Band aus dem Büroregal. Er hält das »Højskolesangbog«, das »Gesangbuch der Heimvolkshochschulen«, in die Luft: »Dänemarks meistverkauftes Buch. Lied Nr. 385 habe ich geschrieben.«

»Der er et venligt lille land« (Da ist ein freundliches kleines Land) heißt die Weise mit romantischen Reimen auf helle Sommertage, flache grüne Auen, glitzernde Fjorde und Dänemarks Inseln sowie die Brücken. Haarder, 1944 als Sohn eines Heimvolkshochschulrektors geboren, hat in all den Ministerjahren auch jede Menge Liedtexte für Dänemarks Kabinett gedichtet. »Wir singen eigentlich immer bei Klausuren, neulich wieder eine Stunde am Abend, und so gut wie jedes Mal trage ich ein eigenes neues Lied bei.« Auch auf jedem Kongress seiner rechtsliberalen Partei Venstre (wörtlich übersetzt »Links«, aber diese Liberalen gehören bestimmt auf die rechte Seite) wird ein frisch gereimter Haarder-Text gesungen. Das deutsche Spiegelbild wäre Wolfgang Schäuble als Verseschmied und Vorsänger bei allen Berliner Kabinettsklausuren und auf den CDU-Parteitagen.

Ob denn die ganz jungen Minister, die immer am Smartphone hantieren und Twitter oder Facebook checken, diese Sangeskultur auch zu schätzen wüssten? »Da gibt es nicht den geringsten Unterschied. Alle Dänen erfreuen sich am Singen.« Mit dem »alle« soll man zwar vorsichtig sein, aber in diesem Fall kann ich es aus eigener Erfahrung so gut wie uneingeschränkt bestätigen. Aus dem Bekanntenkreis fällt mir erst mal niemand ein, der oder die ungern mit anderen zusammen singt.

Wo wird nicht überall gesungen! Bei Festen sowieso. Gerade erst wieder waren wir zu einem runden Geburtstag mit italienischem Essen eingeladen. Zwischen Hauptgericht und Dessert teilten die Frau und beide Töchter des Geburtstagskindes den Text ihres selbst verfassten Liedes über »Drille-Peter«, den »Hänsel-Peter«, aus. Zu singen war es nach der Melodie eines allseits bekannten Räuberliedes, in der Art wie aus dem Hotzenplotz in Deutschland. So haben wir Erwachsenen Peters lebenslangen Hang zum Hänseln anderer mit einem Kinderlied besungen. Ein wahrer Volkssport ist das Basteln solcher festlichen Verse.

Später zog sogar die Hauptperson selbst einen Stapel kopierter Liedertexte aus der hinter dem Stuhl deponierten Plastiktüte hervor. Ich rechnete jetzt, um Mitternacht, nur noch mit einer kurzen Weise zum Abrunden. Damit konnte man leben. Aber meine Einschätzung der Sangesfreude von Gastgeber und Gästen erwies sich als erschreckend naiv. Fünf Seemannslieder wurden es. Abgesehen von der eigenen Müdigkeit und mitunter einer gewissen Übersättigung vom Selbstgercimten: Um ihren *fællessang*, das gemeinsame Singen, und ihre selbstverständliche Freude daran, querbeet durch alle Alters- und sonstige Gruppen, habe ich Dänen immer beneidet.

In Schulen steht der tägliche *morgensang* vor Unterrichtsbeginn auf dem Stundenplan. Bei der Zeitung *Information*, gegründet als illegales Widerstandsblatt gegen die deutschen Besatzer im Zweiten Weltkrieg und heute das dänische Pendant zur Berliner *taz*, wird vor der Redaktionskonferenz ebenfalls gesungen. Der Chefredakteur führte die Sitte ein, weil er die Redaktionsmeetings »zu diffus und unruhig« fand. »Im Osten steigt die Sonne auf«, »I Østen stiger solen op« machte vor ein paar Jahren den Anfang, ein frommes, spätromantisches Kirchenlied. Über die Veränderung schrieb Christian Jensen (einer von über 250 000 Dänen mit diesem hoffnungslos häufigen Nachnamen): »Wenn man debattiert, nachdem man zusammen gesungen hat, fällt einem das Diskutieren leichter, aber Streiterei schwerer.« Auch beim Consulting-Konzern Rambøll singen Ingenieure, Designer und IT-Spezialisten morgens erst mal eine Runde zusammen. Die Diplomaten im Außenministerium singen zweimal wöchentlich im Chor.

Vor und nach Vorträgen oder politischen Diskussionsabenden wird gerne ein Lied angestimmt. Kommt Ellen, meine Frau, bei einem Fortbildungsseminar an, liegt auf der Mappe mit den Unterlagen oft auch das blaue »Højskolesangbog« für eine Runde vorab bereit. Sie mag das: »Man wird dadurch froher.« Zu ihren Favoriten gehört »Morgenstund har guld i mund« (»Morgenstund hat Gold im Mund«) von Nikolai Frederik Severin Grundtvig, dem fleißigsten aller Liederkomponisten. Von mir holprig übersetzt, lautet die erste Strophe so:

Morgenstund hat Gold im Mund,
Wir eilen an die Arbeit.
Froh wie der Vogel über Wald und Flur
Fliegt heraus zu seinem Morgensang,
Wie neugeboren nach der Ruh der Nacht.

Nicht alle Dänen tanken damit immer und automatisch Frohsinn auf. Aber es sagt doch etwas über die Grundstimmung aus, dass so ein Vers zum Tagesauftakt mit sieben anderen frohen Morgenliedern zu Dänemarks nationalem »Kulturkanon« gehört. Die Abendlieder sind eher melancholisch und lassen spüren, dass das schöne Leben irgendwann ein Ende haben wird.

Ich kenne Atheisten, die sich in Gottesdienste schleichen, weil da viel gesungen wird. Am 1. Mai, in Dänemark kein Feiertag, singen Gewerkschafter schon morgens um sieben bei der ersten Feier noch im Saal, dass sie rote Fahnen flattern sehen. Der Gesang zu Hause an Heiligabend gewinnt an Dynamik durch den gleichzeitigen Tanz im Ringelreihen um den Tannenbaum. Das macht mehr Spaß, als zusammengekauert auf dem Sofa abzuhängen. »Et barn er født i Betlehem« (Ein Kind ist geboren in Bethlehem) und »Dejlig er den himmel blå« (Herrlich ist der Himmel blau) heißen die meistgesungenen Weihnachtslieder.

Eine Spur inniger als sonst singen Dänen rund um das Strandfeuer beim Mittsommerfest am Sankthansaften (24. Juni). Wenn ein Prominenter die obligatorische Rede am Feuer, die *båltale* (*bål* ist sowohl das Lagerfeuer als auch der frühere Scheiterhaufen, *tale* die Rede), beendet hat, kommt so sicher wie die Sommerferien am letzten Juni-Wochenende auch die *Midsommervise*, die »Mittsommerweise«. Wieder eine Liebeserklärung an das eigene Land und Kampfansage an das Böse: »Jeder Ort hat seine Hexe, die Gemeinden ihre Trolle, die wollen wir uns mit Freudenfeuer vom Leibe halten.« Die letzte »Hexe« aus Fleisch und Blut wurde 1693 verbrannt, aber Puppen gehen bei Sankt-Hans-Feiern immer noch auf dem *bål* in Flammen auf.

Mit deutscher Sangesgeschichte aus dem nationalistischen Kaiserreich und der Nazizeit im Ohr hat man schon ein paar Hürden vor sich. Nehmen wir die zwei offiziellen Nationalhymnen. »Der er et yndigt land« (Es gibt ein liebliches Land) aus dem Jahr 1823 von Adam Oehlenschläger, dem Nationaldichter der dänischen Romantik, hört man bei Fußballländerspielen und dergleichen. Es gibt noch eine ältere »Königshymne«, *kongehymnen*, die bei besonderen Anlässen mit royaler Beteiligung gesungen wird. Sie ist eine blutrünstige Verherrlichung von König Christian IV., dessen Regierungszeit Dänemark im 17. Jahrhundert verheerende Kriegsniederlagen eingebracht hat. »Deutschland, Deutschland über alles« verblasst dagegen. Freunde versichern, niemand verschwende beim Absingen der Verse über »berstende Hirne der Feinde« durch das Schwert des Regenten einen Gedanken an den Inhalt.

So soll es auch sein bei der sanften Melodie von »Det haver så nyligen regnet« (Gerade eben hat es geregnet) mit hartem Text. Es ist ein Durchhaltelied zum Verlust von Sønderjylland an die Preußen im Krieg 1864. Die kommen vor als »Unkrautsamen, der über den Zaun geweht ist«. Bei einem Familienfest rief eine Schwägerin vor dem Absingen in meine Richtung: »Nicht gegen dich persönlich gerichtet!« Wir haben alle gelacht und dann alle gesungen. Da war ich schon ein Stück dänisiert und nahm den musikalischen Nationalismus gelassener.

Bertel Haarder erklärt das Aufblühen des gemeinsamen Singens in Dänemark als Reaktion auf diese Niederlage gegen Preußen und Österreich: »Die Dänen haben sich um ihre inneren Werte gesammelt.« Während der deutschen Besatzung im Zweiten Weltkrieg sammelten sich immer wieder Zigtausende zum *alsang*, einer Art Steigerung von *fællessang*, als Zeichen der Selbstbehauptung. Einhundertfünfzigtausend strömten dafür im September 1940 in Kopenhagen zusammen, eine halbe Million im Rest des Landes. Den Besatzern gefiel das nicht, obwohl die Regierung ja mit ihnen kooperierte. Das Durchhaltelied mit dem preußischen Unkraut verboten sie, aber gesungen wurde es trotzdem.

Die Sangesfreude nimmt immer noch zu. Mit viel Ausdauer in der Lunge versammeln sich seit ein paar Jahren am längsten Tag des Jahres, dem 21. Juni, ein paar Hundert Kopenhagener zum Marathonsingen im Hof von Vartov. Von morgens um sieben bis abends um halb elf singen sie, mit Wachablösungen, Lieder aus dem »Gesangbuch der Heimvolkshochschulen« der Reihe nach durch. Nicht alle 572, aber doch unendlich viele alte und neue dänische und auch darin aufgenommene ausländische. »Ode an die Freude« gehört zum Beispiel dazu. Als ich einmal sechs Stunden lang mitmachte, sangen wir auch Bob Dylans »The Times They Are A-Changin'«, »Wind of Change« von den Scorpions und den Pop-Ohrwurm »I'll Never Fall in Love Again« von Burt Bacharach.

Als Haarders Lied Nr. 385 gegen 16 Uhr dran war, stand der Minister als Vorsänger auf der kleinen Freilichtbühne. Nicht dass er auf diesem Feld unumstritten wäre. In einem seiner vielen Festlieder für Regierungszwecke zog er Ausländer generell sowie ausländerfreundliche Schweden und »willig dankbare Ausländergänse« im Besonderen durch den Kakao, wie man es vom Stammtisch kennt. Haarders Lied über das freundliche kleine Dänemark empfindet der Publizist Georg Metz als »von schwachem lyrischen Flügelschlag«. Metz ätzt in seinen Kolumnen erbarmungslos gegen die von Haarder vertretene harte Ausländerpolitik. Er nennt den Rekordminister einen »Schlappschwanz mit Heldenstatus«. Der schlägt nicht minder hart verbal auf diesen Kontrahenten und dessen Gleichgesinnte als verblendete 68er-Spinner, Dänemark ins Unglück treibende »Gutmenschen« und »weiche Zyniker« ein.

Beide eint die Liebe zur heimischen Gesangstradition. Metz gibt dicke Liedersammlungen mit seinen Kommentaren heraus. Mit Bertel Haarder hat er sich nicht nur einmal bei einer Podiumsdiskussion verbal gefetzt. Dänemark ist nun mal klein, alle, die mitreden wollen, treffen aufeinander. Beim gemeinsamen Singen mit Haarder habe er schon ein bisschen Bauchschmerzen, sagt Metz. Aber trotzdem: Vor oder nach dem Streit schlagen beide ihr »Højskolesangbog« auf und stimmen zusammen mit den Zuhörern ein Morgen- oder ein Abend- oder ein Jahreszeiten- oder ein nationalromantisches oder auch ein frommes Lied an. So halten es alle.

Warum trinkt Jeppe?

Dankenswert klar warnt ein Dänemarkführer vor folgender Todsünde bei der Weihnachtsfeier mit Kollegen: »Es ist äußerst unhöflich, nicht mitzutrinken und nicht ebenfalls ein fröhliches *skål* in die Runde zu rufen.« Was aber tun, wenn man Alkohol partout nicht mag? Am besten dasselbe wie Bewerber um die dänische Staatsbürgerschaft: erst mal in Ruhe nachdenken. Sie bekamen bei der sprachlichen Eignungsprüfung 2016 zwei Zeichnungen präsentiert. Auf der einen heiter gelöste Menschen um einen Tisch, alle eine Flasche Bier in der Hand. Auf der anderen ernste Stimmung um denselben Tisch, jetzt mit Wasserkannen und Gläsern darauf. Beide Szenen sollten von den Anwärtern erklärt werden. Dann kam die Zusatzfrage: »In Dänemark haben wir eine entspannte Alkoholkultur. Viele Eltern erlauben ihren noch ganz jungen Kindern hin und wieder, Alkohol zu trinken. Welche Vor- und Nachteile könnte das haben?«

Man kramt in Erinnerungen. Klar, das erste Bild zeigt die gute Stimmung beim *fredagsbajer*, dem gemeinsamen Freitagsbier im Büro, ehe es ins Wochenende geht. Eine *hygge*-Tradition überall im Land und der fließende Übergang zum Rotwein abends daheim. Nur hat immer mehr Arbeitsdruck diese Tradition ins Wanken gebracht. Alles wird härter. Das zeigt das zweite Bild: seriöse Projektbesprechung statt *fredagsbajer*.

Bajer klingt freundlich wie das deutsche »Bierchen«. Ich habe es gern gesagt und das *skål* selten verweigert auf Weihnachtsfeiern. Das *julefrokost* ist im dänischen Selbstbild die Mutter aller rituellen Besäufnisse. *Bajer* kommt übrigens von Bayern. Dort holte sich der Brauermeister Jacob Christian Jacobsen Mitte des 19. Jahrhunderts das Rezept für sein untergäriges Bier, das er fortan unter dem Namen Carlsberg verkaufte. Für die Trinkkultur und auch die Hochkultur ein wichtiger Mann, auf den wir noch zurückkommen werden.

Aber erst die Zusatzfrage zur Erlangung der Staatsbürgerschaft. Über Nachteile von Promille im Blut von Kindern muss man nicht lange grübeln. Beim Aufspüren von denkbaren Vorteilen hilft das Studium dänischer Festkultur: Die Konfirmation, normalerweise mit 14 und in diesem Protestantenland fast ein Muss, gilt vielen Eltern als passend für das Alkoholdebüt ihrer Sprösslinge. Von da an hin und wieder zusammen ein Schlückchen daheim unter Aufsicht statt heimlicher Trinkschulung mit Gleichaltrigen. Bei Elternabenden ab der 6. Klasse hörten wir das als durchaus mehrheitsfähiges Konzept. Immer neue Medizinergenerationen haben sich die Finger gegen diese Volksweisheit wund geschrieben.

»Warum betranken wir uns als 13- und 14-Jährige jedes Wochenende? Geht das anderswo auf der Welt auch so?«, fragt mich ein Däne aus der Mittelklasse und jetzt in den Dreißigern. Wir kennen uns gut. Er beantwortet sich selbst die erste Frage so: »Wir sahen Eltern, Lehrer, Fußballtrainer, im Grunde alle Erwachsenen um uns herum trinken. Warum sollten wir da nicht mitmachen?« Seit einigen Jahren fallen 16- bis 18-jährige Gymnasiasten in ihren Winterferien mit organisierten

Bustouren zum *kampdruk* in Prag ein. Schon von der Anreise aus dem Norden berichten die Busfahrer Schreckliches. Dann eine Woche Kampfsaufen zu günstigen Preisen. 2014 fiel die dänische Randale in der tschechischen Hauptstadt mit 300 Festnahmen so verheerend aus, dass Dänemarks Außenminister sich öffentlich für die vollgekotzten Grünanlagen und anderes Ungemach in der »Goldenen Stadt« entschuldigte.

Der Unistart bringt einen neuen Initiationsritus: eine Woche Dauertrinken bei Einführungsexkursionen für die Erstsemester, wieder mit wenig ersprießlichen Begleiterscheinungen. Ganz schwer, so steht es Jahr für Jahr in Leserbriefen und auf Facebook, sei das vor allem für Studentinnen, die keinen Alkohol trinken wollen. Der Gruppendruck ist gewaltig. Das Roskilde-Rockfestival verkündet jedes Jahr, dass 100 000 Besucher in einer Woche über eine Million Liter Bier geschafft haben, »als ob das ein Sieg wäre«, wie einer unserer Söhne kommentierte.

Genug Schreckensgeschichten über den Nachwuchs. Sie sind ja ungerecht, weil die Älteren es vorgemacht haben, von denen man ganz andere Sachen erzählen könnte. Und sowieso geht der Trend auch bei jungen Dänen in die entgegengesetzte Richtung. Es wird unterm Strich weniger getrunken, wie fast überall in Westeuropa. Die jungen Dänen fangen im Durchschnitt später an mit dem Alkohol, sind aber nach wie vor »Spitze« in Europa. Nirgendwo ist der Anteil von 15-Jährigen mit eigener Vollrauscherfahrung höher. Für alle Altersklassen gilt in Dänemark wohl dasselbe wie in anderen Ländern auch: Die Mittelklasse lebt gesünder, die am unteren Rand trinken heftiger, und die ganz oben hängen unverändert sowie diskret an ihren edlen Tropfen.

Sollten Sie schon mal in einem Berliner Biergarten am Prenzlauer Berg den Kopf geschüttelt haben über wild zechende Dänen: Mit durchschnittlich 9,3 Liter reinem Alkohol pro Kopf und Jahr sind die Wikingernachfahren auf der letzten OECD-Rangliste gerade mal europäischer Durchschnitt und stehen brav hinter den Deutschen mit etwa zehn Litern. Die Statistik hat mich überrascht, denn Alkohol ist im dänischen Alltag viel gegenwärtiger und weniger verpönt. Eine Einladung ohne Promille auf dem Tisch oder mindestens in der Hinterhand? Schwer vorstellbar.

»Warum trinkt Jeppe?«, fragte 1722 Ludvig Holberg in der berühmtesten aller dänischen Komödien über den berühmtesten Alkoholiker des Landes. Die erste Erklärung: Der Titelheld in »Jeppe på bjerget«, »Jeppe auf dem Berg«, leidet unter seiner kratzbürstigen Ehefrau Nille, die ihm auch noch mit dem Kirchendiener Hörner aufsetzt. Der Bauer zecht, um zu verdrängen. Alles geht schief, als ein Baron den im Vollrausch Schlafenden von der Gosse auflesen lässt. Einen Spaß will der Herr sich gönnen. Jeppe schläft den Rausch aus und erwacht in Adelsgewändern im fürstlichen Schlafgemach. Er kapiert natürlich nichts, hält sich für den Baron, scheitert schnell mit seinem Befehlsgehabe und wird vom wahren Herrn mit immer neuen Narreteien gedemütigt.

Jeppes eigene Erklärung für seinen Drang zum Alkohol ist nicht die hellste: »Ich trinke sonst keinen Branntwein, außer wenn mir der Bauch nicht recht ist. Aber ich habe meistens einen verdorbenen Magen.«

Auch Holbergs beißender, intelligenter Spott nach oben wie nach unten, nicht unähnlich dem großen Molière, hat ihn zum Vater der dänischen Aufklärung gemacht. Geboren 1684 in Bergen in Norwegen und dort bis heute als nationales Eigengewächs verehrt, schrieb er unzählige Komödien und Abhandlungen über Philosophie, Geschichte, Naturrecht. Mit Jeppe hat er nebenbei auch den Politikertyp »gutwillig und unfähig« punktgenau und zeitlos veräppelt.

Der betrank sich mit *brændevin* wie damals alle. 1551 hatte König Christian III. jeden Ausschank an Feiertagen verboten, weil zu viele Kirchgänger blau waren. 1593 setzte Christian IV. den Beginn von Zusammenkünften im *landsting*, dem Reichstag, auf sieben Uhr morgens fest, um einen nüchternen Ton sicherzustellen. Das hinderte ihn selbst nicht daran, bei einem Gelage 36-mal *skål* auszurufen und alle Anwesenden zum Mittrinken zu zwingen. Er musste ins Bett getragen werden. »Drunk as a dane« soll sich aus diesem Anlass als Entsprechung von »voll wie eine Haubitze« in die englische Sprache eingenistet haben. In der eigenen ist man »fuld som en allike«, blau wie eine Dohle. Moderner und viel verbreiteter als Umschreibung für den Weg zum Vollrausch ist es, »at drikke sig i hegnet«, wörtlich: »sich in den Zaun zu trinken«. Kreiert wurde die Wendung beim Roskilde-Rockfestival mit dem einwöchigen Dauersuff der Besucher als »Grenzerlebnis«: Der Festivalzaun und auch der Rausch sind die magische Grenze zwischen Musik, Fest und rauschhafter Liebe drinnen kontra Arbeit, Regeln und Studium draußen. Bis ich diese nobel klingende Erklärung las, dachte ich immer, es gehe nur um den Festivalzaun als letzte Rettung vor dem Umfallen.

Bier, das *øl*, floss auch reichlich durch frühere dänische Jahrhunderte, hatte aber wegen des niedrigen Promillegehalts eher die Funktion eines Nahrungs- als die eines Rauschmittels. Im Gegensatz zum Wasser war es wenigstens sauber. Dass sich die Wikinger im Mittelalter aus halbierten Schädeln mit Bier und ihrem *mjød*, dem Met, einer gegärten Mischung aus Wasser, Honig und Kräutern, hemmungslos zuschütteten, finden Historiker eher unwahrscheinlich. Es hält sich aber als süffige Legende. Ein Hurra ging durch die Medien, als 1921 nach dem Grabfund des »Egtved-Mädchens« aus der Bronzezeit *mjød*-Spuren in einem beigegebenen Becher gefunden wurden: der Nachweis von Alkohol in Dänemark schon vor 3400 Jahren!

Die großen Revolutionäre der dänischen Alkoholgeschichte waren der Brauermeister Jacob Christian Jacobsen (1811–1887) und sein Sohn Carl (1842–1914). Zum einen wegen des Erfolges mit ihrem Carlsberg-Bier, das man in der Kneipe gern als *hof* (von Hoflieferant, gesprochen »hoff«) bestellt. Es ist noch nicht so lange her, da gab es an Zapfhähnen und in Supermarktregalen praktisch nur die Entscheidung zwischen Carlsberg, dem grünen Tuborg und einem lokalen Gebräu. Sie schmeckten praktisch identisch. Das fühlte sich ein bisschen an wie DDR de luxe mit Einheitsangebot. Heute ist die Auswahl durch Importe, vor allem aber dank vieler dänischer Kleinbrauereien mit edlen und entsprechend teuren Tropfen grenzenlos.

Zum anderen machte sich der ältere Jacobsen mit seiner Carlsberg-Stiftung einen Namen als herausragender Förderer von Kultur und Wissenschaft in Dänemark. Nicht das meistens klamme Königshaus, sondern der Bierkönig finanzierte den Wiederaufbau des 1859 abgebrannten Renaissanceschlosses Frederiksborg in Hillerød. Unter einer Bedingung: Es müsse zum Nationalmuseum umfunktioniert werden. So geschah es, und so ist es bis heute geblieben.

Die Jacobsen-Villa mitten auf dem Kopenhagener Brauereigelände im Stadtteil Valby wandelte die Stiftung 1914 in eine »Ehrenwohnung« für Wissenschaftler, Künstler oder Literaten um. Dreißig Jahre lang lebte hier Niels Bohr, Atomphysiker, Nobelpreisträger und einer von nicht so vielen Dänen, die es zu Weltruhm gebracht haben. 1941, in der Besatzungszeit, kam der deutsche Nobelpreis-Kollege Werner Heisenberg zu Besuch. Er warb beim väterlichen Freund für seine Arbeit an der Atombombe im Auftrag Hitlers. So erinnerte sich jedenfalls Bohr. Heisenberg behauptete später das

Gegenteil: Er habe mit dem Dänen zusammen auf ein Ende der Nuklearforschung auf beiden Seiten hinwirken wollen. Das Gespräch sei auch nicht bei Carlsberg, sondern in Bohrs Institut gelaufen. Mysteriös ist es bis heute geblieben, lieferte Stoff für ein Theaterstück des Briten Michael Frayn (»Kopenhagen«), für die etwas spannenderen Geschichtsstunden und bestimmt auch für Abhandlungen über Gedächtnistäuschung.

Carlsberg braut sein dänisches Bier schon lange in der anonymen, aber kostengünstigeren Provinzstadt Fredericia in Jütland. Die Geschichte des Unternehmens in Kopenhagen zeigt ein schönes, großes und traditionsreiches Museum auf dem alten Brauereigelände. Die gewaltige Anlage, eine Perle der Industriearchitektur aus der Gründerzeit, wird gerade zum absolut angesagten neuen Stadtteil für Betuchte umfunktioniert. Ein Besuch lohnt sich. Der viertgrößte Brauereikonzern der Welt hat sich zuletzt böse die Finger am »Wachstumsmarkt« Russland verbrannt. Was bleibt: Auf die Geschichte dieser Brauerei sind Dänen ähnlich stolz wie Deutsche auf ihr Reinheitsgebot.

Sein *hof* trinkt Jeppe immer noch gerne. Dem Branntwein hat er längst abgeschworen. Man nennt ihn heute eher *snaps*, Schnaps, oder *akvavit*, vom lateinischen »Wasser des Lebens«. Einfach so zum Betrinken ist der Branntwein schon ewig abgehakt. Beim *frokost*, dem Mittag mit *smørrebrød*, opulent belegten Schnitten, gehören ein Rød Aalborg, ein Jubilæums Akvavit oder der viel feinere O. P. Anderson aus Schweden, ersatzweise der norwegische Linie Aquavit zum Hering. *Silden skal svømme*, der Hering muss schwimmen, gegen das viele Fett. Die Komposition von Kräuterschnäpsen mit möglichst selbst gepflücktem Dill, Kümmel, Fenchel, Koriander, Anis und dem heimischen Gagelstrauch hat sich als Hobbykultur ausgebreitet.

Im klassischen Bierland Dänemark haben die Weintrinker die Oberhand gewonnen. Danmarks Statistik, das Statistische Zentralamt, stellt es für 2014 so dar: Pro Woche trinkt jeder Däne im Durchschnitt 10,3 *genstande* – ein »Gegenstand« entspricht dabei einer 0,3-Liter-Flasche Bier oder einem kleineren Glas Wein. Fünf von den zehn sind Wein, vier sind Bier, und der Rest ist Hochprozentiges. Immer noch ganz schön viel, oder? Dänemarks Gesundheitsbehörde erklärt 14 »genstande« pro Woche bei Männern und sieben pro Woche bei Frauen für unbedenklich.

Zwanzig Prozent des Alkoholbedarfs werden im deutschdänischen Grenzhandel gedeckt, weil es beim Nachbarn billiger ist. Nimmermüde schleppen die »Jeppes« Pakete, Paletten und Pullen aus den Grenzläden bei Flensburg und an den Fährhäfen in ihre Autos, gerne auch mit Anhänger. Dabei sind die Preisunterschiede zwischen beiden Ländern immer weiter geschrumpft. *Wiskeybelt*, Whiskeygürtel, nennt man heute noch die richtig schicken Kopenhagener Vororte am Øresund, weil man sich früher nur da so etwas Teures leisten konnte. Längst vorbei.

Deutsche Urlauber bekommen auch vor dem dänischen Weinregal keinen Ohnmachtsanfall mehr wegen der Preise. Das Angebot sei hier qualitativ besser und das Fuselrisiko geringer, habe ich mir sagen lassen. Bei Leichtbier oder gar alkoholfreiem ist das Angebot im reichen Dänemark ärmlich, wohl weil die Nachfrage sich in Grenzen hält. Umgekehrt überschwemmen die Brauereien das Land vor Ostern und Weihnachten mit Starkbier. Jeppe trinkt sich rund um die Feiertage gern schneller und häufiger einen an als sonst. Zeit für die *hygge*.

Bei scharfem Gegenwind am Arbeitsplatz kann er in der Freizeit weiter darauf bauen, dass der abstinent Lebende eher als Sonderling eingestuft wird und sich schnell einsam fühlen kann. Man hört es immer wieder: In Gesellschaft über den Durst trinken ist nett und hält den Laden zusammen. Zustimmung kommt von der Historikerin Sidsel Eriksen: »Die Bierkultur gehört zu den Traditionen, die uns stolz machen. Sie ist ein Teil des sozialen Zusammenhalts.«

Es sei sonderbar, sich ein Dänemark ohne Alkohol vorzustellen, »das geht eigentlich nicht«, sagt der gut bekannte Mittdreißiger, der in dieser Kultur aufgewachsen ist, als sie am »entspanntesten« war. Er habe in ganz jungen Jahren viel Seltsames in Zusammenhang mit Alkohol erlebt, aber: »Das klingt alles so negativ. Vielleicht haben wir zu früh mit dem Trinken angefangen, und da passieren schon schlimme Sachen. Aber ich habe hundertmal so viele schöne Erinnerungen mit meinen Freunden von damals. Man lässt einfach los. So geht es mir immer noch.«

Als Absacker noch eine kleine Schreckgeschichte von einer der Weihnachtsfeiern, bei denen man auf keinen Fall Nein sagen sollte: Auf dem Heimweg vom *julefrokost* mit viel *skål* war ich im letzten Vorortzug zu fest eingeschlafen. Beim Erwachen an der Endstation überwog dann trotz allem die Begeisterung, denn ich hatte das Rad dabei. Die fälligen 25 Kilometer zurück waren ein Klacks. Dänische Alkoholkultur verband sich hier mit dänischer Fahrradkultur. So durch die dunkle Nacht zu eiern ist mit einem Promillepegel wie damals eigentlich nicht entschuldbar. Trotzdem: *Undskyld!* Zum Glück ging alles gut.

Der alte Mann und die Kindergärten

Der Schlafraum des Kindergartens mit den fünf Etagenbetten und zwei Gitterbettchen für die ganz Kleinen sieht *hyggelig* aus. Aber wie wird das organisiert mit dem abendlichen Hinbringen und morgendlichen Abholen, wenn die Eltern nachts arbeiten müssen? »Wir haben nicht so viele Regeln. Das meiste regelt sich von selbst«, antwortet Fransiska Tvede entspannt auf die Frage nach Zeitkontingenten, Abholsystem, Maximalquoten, Personalplan und dergleichen. Ohne all das geht es wohl nicht – hatte man eigentlich gedacht. Diese Kita im Vartov, einem uralten und berühmten Gemäuer, ist für die Kleinen von ein bis sechs Jahren an allen Tagen des Jahres rund um die Uhr geöffnet, auch an Heiligabend nachts um drei.

Kopenhagen bietet das seit zweieinhalb Jahrzehnten für Eltern mit Nachtschichten oder sonst wie krummer Arbeitszeit an. Es gibt solche Einrichtungen auch in Aalborg, Ringsted, Esbjerg und Nyborg. Eltern müssen ihren Bedarf nachweisen, ein Jahr und auch mal länger auf einen der begehrten Plätze warten und dann für Übernachtungen oder Wochenendaufenthalte ihres Kindes einen kleinen Aufpreis zahlen. Alles andere, wie gesagt, »regelt sich von selbst«, irgendwie.

Die ganze Wahrheit ist das aber noch nicht. Hinter dem Angebot stecken eine Menge Tüftelei und gute Ausstattung mit Personal und Räumen. Den Kindern soll möglichst viel zusammenhängende Zeit mit ihren Eltern ermöglicht werden. Die Eltern und die Erzieher – auch in Dänemark meistens Erzieherinnen – würden hier einfach noch ein bisschen besser zusammenarbeiten als anderswo, sagt die jung gebliebene Leiterin mit 40 Jahren Diensterfahrung. Fransiska Tvede hat diesen Grundton, bei dem schon die Stimmführung freundliche Kooperationsbereitschaft, Flexibilität und Optimismus signalisiert. Henrik, schätzungsweise drei, kommt gerade vorbei, reckt sich zu ihr hoch, deutet auf seine hochgezogene Kapuze und erkundigt sich, ob die nicht toll sei. Sie bestätigt ihm das in derselben Tonlage wie vorher mir, dass guter Wille eine vollkommen ausreichend vorhandene Ressource bei Eltern und Personal hier im Vartov sei. Bei den Kleinen sowieso.

Es sind Kinder von Busfahrern, Schauspielern, Krankenschwestern, Altenpflegern, Kneipiers, TV-Moderatoren, Studenten mit Extrajobs. Zunehmend gehören auch Verkäufer im Einzelhandel dazu, seit das Ladenschlussgesetz praktisch abgeschafft ist. Supermärkte haben bis 22 Uhr geöffnet, der Sonntag ist zu einem Haupteinkaufstag für Dänen geworden. Gestiegen, so erzählt die Chefin, ist der Anteil von Singlemüttern, weniger wegen Scheidungen, sondern weil sich immer mehr Frauen für ein Kind ohne Partner entscheiden. Männer eher weniger.

Es ist ein seltsames Gefühl, ausgerechnet im Vartov komplexe postmoderne Trends des dänischen Familienlebens erklärt zu bekommen. Der rote Bau mit geschlossenem Innenhof wurde 1724 als Armenasyl und -hospital errichtet. Seit

300 Jahren hat sich an seinem Äußeren so gut wie nichts geändert. Hans Christian Andersen ließ in dem traurigen Märchen »Von einem Fenster im Vartou«, mit eingedeutschter Schreibweise, eine »alte Jungfer« auf den gegenüberliegenden Stadtwall blicken. So fängt es an: »Nach dem grünen Walle hinaus, der sich rings um Kopenhagen zieht, liegt ein großes rotes Haus mit vielen Fenstern, in denen Balsaminen und Ambrabäumchen wachsen; innen sieht es ärmlich aus, und armes, altes Volk wohnt dort. Es ist das Vartou, das Armenhaus.« Was die Alte draußen sah? »Lustig spielen die armen Kleinen.«

Heute können die Kinder hier mitten im Stadtzentrum nur noch drinnen spielen. Sie gehören durchweg nicht zu den Armen, auch nach heutigen Maßstäben. Ihre Eltern müssen einen Job haben, sonst kommen sie für den begehrten Rundum-die-Uhr-Platz nicht infrage. Die Kleinen sehen durch dieselben Fenster wie Andersens Jungfer. Statt des Walls, der ist weg, erblicken sie gleich gegenüber Kopenhagens Rathaus. Es ist dem italienischen Renaissancestil des berühmten Vorbilds in Siena nachempfunden.

Im hiesigen setzte eine sozialdemokratische Stadträtin die erste durchgehend geöffnete Kita der Hauptstadt durch. Ihre Nachfolger stahlen den Kindern später den einzigen Freiluftspielplatz ganz in der Nähe. Er wurde einem neuen Glaspalast geopfert. Jetzt fährt ein Bus die älteren Kita-Kinder jeden Tag zu einer Walddependance vor der Stadt und nachmittags wieder zurück. Dänen sind eben flexibel.

Der erste Vartov-Kindergarten öffnete seine Pforten 1949. Im selben Jahr konnte die dreijährige Fransiska ein paar Straßen weiter in der Skt. Pedersstræde, mitten in Kopenhagens damals wildestem Kneipenviertel, ebenfalls zum ersten Mal in den Kindergarten gehen. Das war nichts Besonderes. Die Mutter arbeitete im eigenen kleinen Bürobetrieb, der Vater war Zahntechniker. Immer mehr Däninnen verließen in der Nachkriegszeit Heim und Herd tagsüber für einen bezahlten Arbeitsplatz. Darauf haben sich Gesellschaft und Vater Staat mit flächendeckenden Betreuungsplätzen für Kleinkinder Jahrzehnte früher eingestellt als in Deutschland. 1970 hatte die Hälfte aller Däninnen einen Job mit eigenem Einkommen, und wenig später gab es dann auch überall im Land Angebote für die Kinderbetreuung.

Das soll jetzt keine Geschichtsstunde werden. Mein Bild von den Kindergärten als »Sesam, öffne dich!« zum Verständnis der Zufriedenheit von Dänen ist mir auch nicht als Bücherwurm gekommen. Sondern als *far*, als Vater beim Hinbringen und Abholen unserer drei aus ihren Kinderkrippen, -gärten und -horten. Diese Versorgungssicherheit für alle, egal, mit welchem Einkommen, hat mich wohl auch ein bisschen mit dem optimistischen Dänengen infiziert, das alle einander gegenseitig bestätigen lässt: »*Det skal nok gå.* Es wird schon gut gehen.«

Man kann das nicht genug wertschätzen: Seit einem halben Jahrhundert muss in Dänemark keine Mutter mehr um den Job zittern, weil sie ein Kind bekommt. Fransiska Tvede haben der frühe Start ihrer Kindergartenkarriere und die lange Arbeit im Beruf den Spaß an Kindern eindeutig nicht verdorben. Auf dem Smartphone zeigt sie mir begeistert und routiniert zugleich ihre vier Kinder, neun Enkel und zwei Urenkel.

Kurz nach der Wende hat sie eine Kita in Eberswalde, in der früheren DDR, besucht und fand die »ganz bestimmt nicht abschreckend«. Die im Westen Deutschlands nie ganz überwundene Abstempelung als »Rabeneltern« (gemeint: »Rabenmütter«) für all jene, die ihre Kleinen in die Hände von staatlichen Betreuern geben, gehört für Dänen zu einer fernen Vorzeit. Leise aufziehender Neid will unterdrückt sein, wenn ich die Kindergartenchefin vier Jahre jenseits der Pensionsgrenze sagen höre: »Ich arbeite seit 1979 gern hier und sehe eigentlich keinen Grund aufzuhören.« Naiv ist sie auf der anderen Seite auch nicht: »Wenn nur die endlosen Sparrunden, die sinnlose Dokumentationspflicht von jedem Pups und der andere bürokratische Unsinn nicht wären.« Da ist Dänemark ein ganz normales Land.

Ein paar Türen weiter hat der berühmteste Nutzer von Vartov den Dänen Sonntag für Sonntag von einer Kanzel mit durchschlagendem Erfolg erklärt, dass sie etwas ganz Besonderes seien: »Das auserwählte Volk.« 1839 bis 1872 predigte Nikolai Frederik Severin Grundtvig in der Kirche des Armenhauses. Sie war und ist unscheinbar, schmucklos eingefügt in die rechteckige Anlage, heute genau wie zu Lebzeiten dieses »Nationalheiligen«.

Außerhalb Dänemarks kennen ihn wenige, aber Grundtvigs Bedeutung für das eigene Land ist gewaltig. Fragen Sie irgendjemanden mit oder ohne Abitur (60 Prozent schließen damit neun Jahre Gesamtschule plus drei Jahre Gymnasium ab), wer der »Vater der Nation« sein könnte. Als Antwort wird wohl Grundtvig kommen.

Der Pastor war auch als Politiker, Dichter und vor allem als Verseschmied, zumeist für Kirchenlieder, rastlos aktiv. Zu Grundtvig gehört die nationalromantische Verklärung des eigenen Landes wie der Optimismus der »Zauberflöte« zu Mozart. »Kærlighed til fædrelandet er den sande odelsret« (Die Liebe zum Vaterland ist das wahre Adelsrecht) heißt ein Klassiker unter den 1500 vertonten Grundtvig-Titeln. Viele haben sich bis heute gehalten.

Das Gleiche gilt für eine seiner anderen Initiativen: *Højskoler* wären, wörtlich übersetzt, einfach »Hochschulen«, aber treffender ist in diesem Fall der Begriff »Heimvolkshochschulen«. Sie sollten Männern, Frauen, Alten und Jungen »aus dem

Volk« Möglichkeiten zur Bildung neben der Arbeit geben. Ob nun mit Kultur, Geschichte, Musik, Sport oder ganz praktisch – und all das ohne Zensuren oder Prüfungen und offen für alle. Grundtvigs Idee breitete sich in der zweiten Hälfte des 19. Jahrhunderts über ganz Dänemark aus und lebt weiter.

Folkelighed, das Volkstümliche, Volksnahe, hat Grundtvig seinen Landsleuten als Grundhaltung gepredigt. Er verlangte ein Grundrecht auf Schulbesuch, trat für Religionsfreiheit und in einer zeitgebundenen Variante auch für mehr Frauenrechte ein. Da habe er wichtige Fundamente gelegt für das »harmonische« und »homogene« Dänemark mit in der eigenen Kultur verwurzelten Bürgern, steht heute in den Geschichtsbüchern.

Es gibt auch eine weniger freundliche Seite. Dänemarks Rechte findet jede Menge Munition bei Grundtvigs zeittypischem Nationalismus. Der kam heftig auch von der Kanzel. Erstaunlich viele Pastoren und noch mehr Pastorinnen der Folkekirke, Dänemarks protestantischer Staatskirche, pflegen ihn weiter und gehören zum harten Kern der heutigen Rechten. Nächstenliebe sei eine nationale Angelegenheit, verkünden sie im Talar und auch als Parlamentsabgeordnete. Man fühlt sich in die Zeit des vor 150 Jahren gestorbenen Ideenlieferanten zurückversetzt.

Grundtvig hat zwei Ehefrauen überlebt. Das allgemeine Gezeter, als er mit 75 dann noch die 32-jährige und vermögende Adelige Asta Reetz heiratete, war ihm egal. Die gemeinsame Tochter taufte der Vater und Pastor auf den Namen Asta Marie Elisabeth – eine kurze Chronologie seiner drei Ehen in umgekehrter Reihenfolge. Von der letzten Predigt in der überfüllten Vartov-Kirche berichtete ein englischer Augenzeuge: »Er sah aus wie ein Troll aus einer norwegischen Höhle, als ob er ein paar Hundert Jahre alt wäre.« Gemeint war das schulterlange weiße Haar vom Rand der Glatze mitsamt dem zottelig langen Bart. Für Kenner der Rockmusik: ZZ-Top-Look. Der Zeitgenosse schrieb dazu passend weiter, Grundtvigs merkwürdig tiefe Stimme habe »für die ekstatische Gemeinde geklungen, als käme sie aus dem Keller unter seinen Füßen.«

Ob Grundtvig und Fransiska Tvede sich gut verstehen würden? Wohl nur begrenzt. Sie könnten vielleicht zusammen ein paar überraschende Trends in ihrem eigentlich so kinderfreundlichen und toleranten Land bestaunen. So wird öffentliches Stillen immer verpönter. Im schönen alten und heute ausgesprochen trendigen Stadtteil Christianshavn, wo Grundtvig in der Strandgade 4 wohnte, hängen in Cafés Verbotsschilder aus: Bitte nur auf der Damentoilette! Ein einziges Café wird in einem Onlineguide noch als »stillfreundlich« eingestuft. Für den Fall der Fälle: Es ist das »Baresso« in der Torvegade 35.

Däninnen bringen mit durchschnittlich 1,7 Kindern mehr Babys zur Welt als ihre deutschen Nachbarinnen (2015: 1,47). Seit Mitte der Neunziger sind die Zahlen aber rückläufig. Danmarks Radio (DR), der große öffentlich-rechtliche TV-Sender mit berühmten Serien wie »Borgen« und »Sarah Lund«, wollte deshalb etwas Gutes tun und strahlte zur besten Sendezeit eine große Samstagabendshow mit dem Titel »Knald for Danmark« (»Vögelt für Dänemark«) mit gut gemeinten Ratschlägen aus. Neun Monate später stiegen die Geburtenzahlen tatsächlich für ein Weilchen an.

Der dänische Sozialstaat: ein Auslaufmodell?

Halle an der Saale habe ich als Anwerber deutscher Ärzte für ein dänisches Krankenhaus kennengelernt. Ich war aber nur Gehilfe und durfte Oberärztin Ellen Holm beim Geriatriekongress zur Hand gehen: Kaffee servieren und bei Bedarf ab und an eine generelle Frage nach Leben und Arbeit als Ausländer in Dänemark beantworten: »Sind die Steuern wirklich so hoch und die Autos so teuer?« Wegen des Ärztemangels an ihrem Krankenhaus in Nykøbing wollte die Teamchefin mit einem Infostand und guten Argumenten zum Karrieresprung über die Ostsee locken: kurze Arbeitszeit, flache Hierarchie, freundliches Klima in einem angenehmen Land mit hoher Lebensqualität, besonders für Familien mit Kindern. Es ist ja außerdem nur ein Katzensprung zur Fähre nach Rostock. Viele deutsche Geriater ließen sich Kaffee servieren und stellten neugierig Fragen. Das war mal was anderes im Kongressbetrieb. Leider biss niemand richtig an. Immerhin hatten wir für die Rückfahrt über Berlin reichlich Gesprächsstoff.

»Es ging keine fünf Minuten, da haben sie nur noch von Geld gesprochen«, sagte die Oberärztin. Sie meinte damit nicht so sehr Gehaltsvergleiche. Jüngere Mediziner verdienen in Dänemark deutlich besser, ältere in Deutschland. Unabhängig von Alter und Dienstjahren schien vielmehr ein Wirrwarr komplizierter Abrechnungssysteme die deutschen Kollegen bei der Arbeit unentwegt zu plagen. Wie kann ich mich vor den Prüfern der Krankenkasse rechtfertigen?, fragten sie sich. Welcher Patient ist in welcher Kasse und hat welchen Anspruch worauf? In welchem Bundesland sind die Preise für diese oder jene Operation gerade gestiegen? Beim Zuhören stieg vor dem inneren Auge Laokoon im aussichtslosen Kampf mit den zwei Riesenschlangen auf.

Die Dänin kehrte erleichtert zurück an ihr Provinzkrankenhaus direkt am Guldborgsund, mit Blick auf die Nachbarinsel Lolland. Wie klar und einfach das heimische Gesundheitswesen plötzlich schien, trotz Mangel an Arbeitskräften. In Dänemark wird es aus dem großen Steuertopf finanziert. Alle zahlen darüber in die Gesundheitskasse ein, und alle sind als Patienten gleichgestellt. Punkt. Es gibt kein Kassenwirrwarr, keine Privatpatienten, hofiert von reichen »Halbgöttern in Weiß«. Niemand kann sich beim klassenlosen Klinikaufenthalt ein Einzelzimmer kaufen.

Hier sei das Prinzip von *lighed*, der Gleichheit, an ihrem Arbeitsplatz intakt, und es trage enorm zu *trivsel* bei, dem Wohlbefinden der Patienten und auch des Personals, sagt die dänische Ärztin. Die »wirklich flache Hierarchie« gelte für alle, von den Pflegern bis zur Chefin: »Krankenschwestern haben Ärzten gegenüber ein ausgeprägtes Selbstbewusstsein, und das ist gut so.« Die Stationschefin schmiert am Mittwochmorgen ungefragt wie alle anderen Brötchen, *rundstykker*, zum gemeinsamen Frühstück um den Konferenztisch. Klar, dass die jüngeren Kollegen ermahnt werden, auch ja um halb vier Feierabend zu machen, damit sie ihre Kleinen aus der Krippe, dem Kindergarten oder Hort abholen können.

So könnte man eine ganze Weile weitermachen bei der Beschreibung eines gut funktionierenden Alltags mit sozialer Sicherheit auf hohem Niveau, geringen Unterschieden zwischen Arm und Reich und generell hohem Lebensstandard für die allermeisten. Nicht jeder bekommt es so schwungvoll hin wie dieser journalistische Dänemarkschwärmer aus Österreich: »Kaum ein Däne wohnt zur Miete, die meisten besitzen Eigentum. Selbst Studenten, die nach Kopenhagen gehen, bekommen von ihren Eltern eine Eigentumswohnung. Grundsätzlich blüht das Land auf. Wohin man blickt: Es wird gebaut.«

Da blüht grundsätzlich auch der Leser auf, und so total daneben liegt der hingerissene Zeitungspoet gar nicht mal. Auch bei der Ausbildung ihrer Zöglinge haben dänische Bürger mit der Steuerzahlung alle finanziellen Pflichten erfüllt. Wenn die Kinder studieren, müssen Eltern nichts mehr dazuzahlen. Der Staat übernimmt ab dem 18. Geburtstag die Versorgungspflicht komplett. Mit drei erwachsenen Dänenkindern und Vergleichsmöglichkeiten bei deutschen Freunden habe ich auf diesem Feld hautnah das »Dänische Modell« durchexerziert: Man zahlt generell hohe Steuern. Die Einkommensteuer bewegt sich um 50 Prozent und ist bei 56 Prozent gedeckelt. Als Gegenleistung garantiert der Staat weitgehende und für alle gleiche Sozialleistungen von der Kinderkrippe bis zum Pflegeheim. Das ist jedenfalls das Grundprinzip. In der Wirklichkeit funktioniert es mit allerlei und immer mehr Modifikationen.

Fast alle Studenten müssen nebenbei kräftig jobben. Eltern kaufen tatsächlich massenhaft Wohnungen für ihre studierenden Sprösslinge in Kopenhagen oder Aarhus, weil es keine bezahlbaren Mietangebote gibt. Nicht so gut für Kinder aus weniger betuchten Familien und ganz schlecht für das Prinzip Chancengleichheit. Die »Elternkäufe« zeigen auch den Wohlstand der breiten dänischen Mittelklasse und ihre Risikobereitschaft. Man stottert ja schon Schulden für die eigene Behausung und oft auch für das Sommerhaus ab. Im Durchschnitt ist eine dänische Familie viermal so hoch verschuldet wie eine deutsche.

Zum Grundvertrauen in die Zukunft und den eigenen Sozialstaat gehört der Glaube, dass alles im eigenen Land besser sei als überall sonst auf der Welt. Dahinter steckt auch ein Taschenspielertrick, der verblüffend stabil funktioniert. »Wir haben der, die, das beste … der Welt«, sagen Politiker bei jedem beliebigen Thema, ohne groß nachzudenken, und alle nicken mitwisserisch: *Det er klart!* Na klar! Zum Beispiel »die beste und sicherste Altersversorgung der Welt«. Das beste Bausparsystem der Welt sowieso. Wie sollte es anders sein? Man kann die Übertreibungen beim Selbstlob belächeln oder genervt abwinken. Oder man erzählt einfach mal vom Recht auf Kuraufenthalte in einer Reha-Klinik nach einer Krebserkrankung in Deutschland. Große Augen, denn das kennt kein Däne.

Ich habe das Gefühl von Sicherheit im angeblich »besten und großzügigsten Sozialsystem der Welt« vor allem als enormes Pfund für das gute Auskommen miteinander erlebt. Gemessen am ewig besorgten bis jammernden Grundton in Deutschland, ist es ein Unterschied wie Tag und Nacht. Das macht Veränderungen leichter, gute wie auch weniger gute. Bei der Rente haben dänische Politiker, Gewerkschafter und Arbeitgeber ohne ideologische Schlammschlachten ein angestaubtes altes System modernisiert. Es ist nicht mehr ganz so gleich für alle wie in den Glanzzeiten des Sozialstaates vor einem halben Jahrhundert mit der *folkepension*. Das war eine damals existenzsichernde Grundrente aus dem großen Steuertopf. Heute beträgt sie 900 Euro nach Steuern, auf die jeder ungeachtet früherer Arbeitseinkommen Anspruch hat. Weniger hat niemand, aber es reicht eben nicht mehr. Fast alle

Dänen sparen längst per Tarifvertrag oder freiwillig selbst für die Rente und fühlen sich vor Altersarmut sicher.

Beim Umzug in dieses Land konnte ich mein Glück kaum fassen: sieben Jahre Anspruch auf Arbeitslosengeld mit 90 Prozent vom letzten Nettoeinkommen. Das ist nun lange her, hat sich aber im Gedächtnis gehalten wie der überraschende Anblick eines Weltwunders. Groß war mein Staunen, wenn beim Sommerfest auf irgendeinem Rasen ein Unbekannter unbekümmert verkündete: »Bin grad gefeuert worden.« Ah ja, nickten alle freundlich und griffen zum nächsten Snack. Na, das wird sich wieder richten. Keine große Sache, man war ja abgesichert. Genauso schnell, wie dänische Arbeitgeber schon immer entlassen haben, stellen sie auch immer wieder ein. *Skål!*

Als die Arbeitslosenzahlen dann doch in die Höhe gingen und allzu viele junge Leute die Aussicht auf nie versiegendes Stempelgeld oder Sozialhilfe ein bisschen zu verlockend für lange »Auszeiten« fanden, wurde entschlossen umgebaut. Der Staat verkürzte das Arbeitslosengeld rigoros erst auf vier, dann auf zwei Jahre und verlangte handfeste Gegenleistungen, zum Beispiel die Bereitschaft, eine neue Ausbildung zu beginnen. Er bot aber auch viel konkrete Hilfe. Die Gewerkschaften machten mit. »Flexicurity«, zusammengesetzt aus *flexibility* und *security*, nannte sich das und wurde ein dänischer Exportschlager. Delegationen aus Berlin pilgerten in dänische Jobcenter, und Korrespondenten priesen das Wunderwerk gegen Langzeitarbeitslosigkeit, als Deutschland gerade über die Einführung von Hartz IV stritt.

Mit dem *security*-Teil lässt sich heute nicht mehr viel Staat machen. Das Arbeitslosengeld ist bei 1300 Euro nach Steuern gedeckelt. Mehr gibt es nicht. Schon Durchschnittsverdiener verlieren gut die Hälfte ihres vorherigen Einkommens. Man stürzt jetzt drastisch schneller ab, vor allem wegen der immer fälligen Abzahlungen auf Haus oder Wohnung. Auch zittern alle vor dem Spießrutenlauf durch eine kafkaeske Arbeitslosenbürokratie mit scharfem Zwang zu pausenlosen sinnlosen Bewerbungsschreiben, Kontrollanrufen, immer neuen »Aktivierungs«-Kursen mit »kreativen Rollenspielen«. »Gott verhüte, dass ich jemals in die Mühle eines Jobcenters gerate«, schrieb die Bürgerberaterin Bettina Post, die Betroffenen weiterhilft.

Der Grundton hat sich von sozial fürsorglich in hart bis roh geändert. Die Zeitung *Berlingske*, seit 1749 die konservative Stimme des Landes, füllte an einem Sonntag ihre Titelseite knallrot mit der Frage: »Bist DU ein gutes Geschäft für Dänemark?« Schon der erste Satz des folgenden Artikels macht wenig Mut: »Die meisten Dänen sind, über das ganze Leben betrachtet, ein Minusgeschäft.« Detailliert wird für Altersgruppen, Bildungsstände und nach Geschlecht ausgerechnet, wer welche Kosten verursacht, wer Steuern zahlt und wer für das Plus vor der Endsumme sorgt. Kinder, Alte und Frauen im gebärfähigen Alter sind schlimme Kostenfaktoren für die *fælleskasse*, die gemeinsame Kasse. Am Ende stellte sich heraus, dass nur akademisch gebildete und Vollzeit arbeitende Dänen mit überdurchschnittlichem Einkommen im mittleren Alter ein Gewinn für die Gesellschaft sind.

Wie man auf solche Ideen in einem Land mit ausgeprägtem Gleichheitssinn, großer Sozialstaatstradition und hoher Zufriedenheit bei den Bürgern kommt? Es ist ein Mix aus den globalen neoliberalen Winden und dem in Dänemark ausgeprägt populistischen Politikstil in Parlament und Medien. Er hat sich erst beim Thema Zuwanderer und dann auf anderen Feldern ausgebreitet.

Heute macht ein Minister als »Juror« mit, wenn in einer TV-Realityshow die Frau eines Dementen, eine chronisch Kranke mit hohen Medizinkosten und eine alleinerziehende Mutter den Empfang staatlicher Leistung rechtfertigen sollen. Die Alleinerziehende wurde »herausgestimmt« wie bei »Deutschland sucht den Superstar«. Jeder in Dänemark kennt aus ähnlichen Programmen »dovne Robert«, den »faulen Robert«, und »fattige Carina«, die »arme Carina«, mit der, natürlich, viel zu hohen Sozialhilfe.

Sie ist deutlich höher als in Deutschland. »Es gab immer Einigkeit, dass auch bei Sozialhilfeempfängern nie mehr als zwei Kinder ein Zimmer teilen sollten«, sagt Bettina Post. Auch der Mindestlohn von umgerechnet 15 Euro (110 Kronen) bewegt sich in anderen Regionen als die deutschen neun Euro (2016). Das soziale Netz ist in wichtigen Teilen enger und intakt. Noch.

Auf den To-do-Listen des Mitte-rechts-Lagers und der Unternehmerverbände steht das Herunterfahren von Mindestlohn und Sozialhilfe ganz oben. Wie man in Berlin mal die dänische Flexicurity als Vorbild bewunderte, hat sich heute unter Kopenhagener Politikern die Überzeugung ausgebreitet, dass Deutschland mit Hartz IV und viel niedrigeren Löhnen für »einfache« Arbeit das Vorbild sein müsse. Dänemark hat in den letzten Jahren immer die Glücksranglisten angeführt, ist in den europäischen Wachstums- und Produktivitätstabellen aber nach unten gerutscht. Wie sagte doch der Wirtschaftssprecher der Liberalen Allianz, einer forschen jungen Aufsteigerpartei mit viel Aufwind bei Jungwählern: »Ich möchte deutsche Zustände schaffen. Damit Leute auch ohne hohen Lohn jeden Morgen aufstehen und ihr Geld verdienen, statt sich von uns anderen finanzieren zu lassen.«

Zu den dänischen Paradoxen gehört, dass solche Politiker bei Wahlen immer erfolgreicher abschneiden, die Wähler bei Umfragen aber stabil und stoisch ihr Einverständnis mit der hohen Steuerlast bekunden. Solange nur der Sozialstaat Sicherheit durch richtig guten Service liefert. Dafür schlucken die Dänen auch, dass Autos in ihrem Hochsteuerland bis zu doppelt so teuer sind wie die in Deutschland. So habe ich es den deutschen Ärzten in Halle erklärt und nach einer kleinen Kunstpause hinzugefügt, dass es sich unter dem Strich ja wieder ausgleicht. Der Staat hat immerhin das Studium unserer Kinder bezahlt.

»Borgen«: Wenn Fiktion die Wirklichkeit überholt

Gleich zwei Däninnen haben den Titel »erste Frau an der Regierungsspitze« erobert. Den Anfang machte die Schauspielerin Sidse Babett Knudsen alias Birgitte Nyborg in der von Jütland bis Neuseeland erfolgreichen TV-Serie »Borgen – Gefährliche Seilschaften«. Auf den Tag ein Jahr später übernahm die Sozialdemokratin Helle Thorning-Schmidt als erste Frau nach 40 Männern den hier geschlechtsneutralen Titel *statsminister* im richtigen Christiansborg, dem Kopenhagener Parlaments- und Regierungssitz.

Die fiktive Nyborg kam mit der »besten Politikserie aller Zeiten« *(Washington Post)*, »der besten Fernsehserie der Welt« *(FAZ)* an die Macht. Sie stahl Hillary Clinton die Zeit: »Sehr realistisch, meine Lieblingsserie. Ich kann nicht genug davon bekommen.« In über 70 Ländern wurde zugeschaut. Die TV-Produzentin Camilla Hammerich war heilfroh, dass dänische Regierungsbüros so viel bescheidener ausfallen als zum Beispiel das Bundeskanzleramt. Man musste ja schließlich realistisch nachbauen. Gewundert hat sie sich über verblüffende Kreuz- und Querverbindungen zwischen Nyborg und Thorning-Schmidt, beide wie sie selbst »um die 40, intelligent, ehrgeizig, erfolgreich, attraktiv«. In ihrem Buch »Borgen – Bag kulisserne« (»Hinter den Kulissen«) liest man weiter: »Die wirkliche und die fiktive Ministerpräsidentin haben sich auf eine Weise gegenseitig gepusht, die niemals jemand hätte planen können.«

Wundersamerweise war Nyborg immer einen Schritt eher da als Thorning-Schmidt. Wie bei Hase und Igel. Ist vielleicht die erfundene Politikerin gar nicht der wirklichen nachgebildet, sondern umgekehrt ein Rollenmuster zur Nachahmung für Letztere? Oder das Ganze ein spezieller dänischer Mix?

Der Reihe nach. Man muss Nyborg einfach mögen. Nach zwei Staffeln, aber nur einer Amtszeit wird sie trotzdem abgewählt, kehrt ihrem Land für einträgliche Wirtschaftsjobs den Rücken und kommt als aufrechte Oppositionschefin mit neu gegründeter Partei zurück. Am Ende politischer und privater Achterbahnfahrten beendet Nyborg die Serie als frischgebackene Außenministerin. Mit sich ist sie wieder im Reinen und hat den enorm gut aussehenden Londoner Architekten Jeremy als Wochenend- und Skype-Beziehung an der Seite.

Thorning-Schmidt stellte sich bei Königin Margrethe genauso optimistisch, frisch und mit femininem Charme als erste Ministerpräsidentin vor wie schon ein bisschen eher ihre TV-Kollegin. Sie regierte dann aber vier Jahre lang viel glückloser. Chaotischer Start, wilde Kurswechsel, schlechte persönliche Umfragewerte, am Ende die komplette Anpassung an rechte Populisten. Auf der Weltbühne fiel sie nur ein einziges Mal auf. Bei der Trauerfeier für Nelson Mandela 2013 in Johannesburg schoss die blonde Skandinavierin, eingerahmt von zwei dunkelhaarigen Kollegen, ein fröhliches Selfie auf ihrem Smartphone. Das fanden viele unpassend. Auch der Londoner *Evening Standard* druckte das Foto von der Selfie-Session und zählte die drei auf, die da wie Teenager bei der Klassenfahrt ihre Köpfe zusammensteckten: »Barack Obama, David Cameron und Birgitte Nyborg.« Die britische TV-Gemeinde, darunter ganz offensichtlich auch dieser Bildtexter, war in jenen Tagen gerade von »Borgen« hingerissen…

Nach der ersten Amtszeit wollte Thorning-Schmidt die drohende Wahlniederlage mit scharfen rechtspopulistischen Parolen gegen Ausländer noch abwenden. Sie wurde, wie Nyborg, abgewählt und verabschiedete sich ebenfalls postwendend aus Politik und Dänemark nach London. Hier warteten der britische Ehemann und ein gut dotierter Chefsessel.

Nyborgs moralischer Kompass ist anders gepolt. Die TV-Linksliberale hält bei ihrer humanen, liberalen Ausländerpolitik Kurs und hat Erfolg damit. Da ist »Borgen« dann doch ein bisschen unrealistisch. Jüngere Berufspolitiker im richtigen Christiansborg haben wie das kleine Einmaleins gelernt, dass Wahlen in Dänemark nur gewinnen kann, wer beim Wettlauf um die härteste Ausländerpolitik die Nase vorn hat. So ist es seit 20 Jahren praktisch immer gelaufen.

Nicht dass die erfundene Spitzenfrau nur über solche Probleme grübeln würde. Nach einem unerfreulichen Regierungstag, gefrustet vom frischen Glück des Exgatten, verführt sie zu Hause in der Küche ihren gut gebauten Chauffeur mit der sanften Ausstrahlung. Am nächsten Morgen reichen zwei Sätze zum Spindoktor: »Ääh, ich habe irgendwie mit meinem Fahrer geschlafen, kannst du da was machen?« Ruckzuck ist der One-Night-Stand auf Nimmerwiedersehen strafversetzt. Professionelle Härte muss schon sein.

Die hatte ja auch den Ehemann in die Flucht getrieben. Aber beide werden nach Übergangsgezicke ein hinreißend sympathisches Freundespaar. Man nickt beifällig und denkt an den Freundeskreis. Dänische Paare trennen sich schnell. Seit ein paar Jahren ist die Scheidungsquote, gemessen an der Trauungszahl eines Jahres, auf über 50 Prozent geklettert. Die starke finanzielle Unabhängigkeit der Frauen hat die Lunte bis zur Trennung verkürzt, aber auch die Geduld für ein friedliches Miteinander hinterher verlängert.

Nebenbei: Außer im riesigen, herrlichen Kopenhagener Einrichtungsgeschäft Illums Bolighus habe ich nie so viele teure Lampen von Le Klint und Poul Henningsen, Designerstühle von Hans J. Wegner und anderes dänisches Design auf einem Haufen gesehen wie in den Dekorationen von »Borgen«. Das wird auch hier *product placement* genannt, die Branche hat gejubelt. Siebzig Länder! Fans twitterten sich quer über den Globus ihre Entdeckungen beim Episodengucken mit dem Hashtag »Design porn Borgen« zu.

Die Zuschauer daheim folgten aus anderen Gründen gebannt. War das, was sie da neben dem Privaten präsentiert bekamen, nicht tatsächlich haargenau der »Borgen«-Alltag, wie man ihn jeden Abend aus den Nachrichtensendungen und Talkshows kannte? Inszeniert von Medien, denen unterhaltsame Machtkämpfe und der nächste Skandal mehr Leser, Zuschauer, Hörer, Klicks und Anzeigenkunden bringen als das zähe Ringen um mehr nachhaltige Energie.

Die Nachrichtensendungen der beiden großen dänischen TV-Sender sind den deutschen Pendants »Tagesschau« und »heute« bei der populistisch platten Vermittlung von Politik um Lichtjahre voraus. Immer kommt das – egal, wie kleine – Skandalgeschichtchen aus dem eigenen Land an erster Stelle, auch wenn am selben Tag ein neuer Krieg in Nahost ausgebrochen oder die Regierungschefin im zweitgrößten Land der Welt ermordet worden ist. »Wirtschaftsminister mit Rockerboss befreundet« hat immer den Vortritt.

In »Borgen« tummelt sich auch ein unsympathischer TV-Boss und verlangt auf der Jagd nach höheren Einschaltquoten »geschlechtsspezifische Nachrichten«: die doofen, provinziellen, gefühligen für die Frauen am frühen Abend und die intelligenteren mit der Außenpolitik später für die Männer. Das war eins zu eins aus der Realität des eigenen Senders DR übernommen.

Gegen die Serie trommelten die Rechtspopulisten der Danske Folkeparti schon vor dem Start. Man werde wieder mal ein Machwerk der »roten Söldner« im öffentlich-rechtlichen DR mit sich selbst als Dorftrotteln präsentiert bekommen. An Letzterem war etwas dran. Der fiktive Oberpopulist war ein dicker, verschlagener Dorftrottel. Irgendwann ersetzten ihn die Drehbuchschreiber mit einer hochmodernen Chefpopulistin aus der Gruppe »um die 40, intelligent, ehrgeizig, erfolgreich, attraktiv«. Sie putscht den Mann vom Dorf locker weg. Im TV-Kontrollraum verführt sie den populärsten Moderator Dänemarks, Typ Claus Kleber in jungen Jahren, um ihn erpressbar zu machen. Auf dessen ruhige Frage nach dem Sex, ob sie nicht ein bisschen zu sehr auf ihr Aussehen setze, antwortet sie ebenfalls ganz ruhig: »Genau wie du.« Dänen klären möglichst alles mit ruhiger Stimme. Kommt besser an. Kälte und Abweisung lassen sich auch ohne Geschrei ausdrücken.

Es war atemberaubend, wie auch die wirklichen Populisten das fiktive Geschehen auf dem Bildschirm für bare Münze nahmen. Die Parteivertreterin im Fernsehrat warf den »Borgen«-Machern Multikulti-Propaganda vor, weil alle die Hauptperson mögen müssten: »Wir bekommen eine Birgitte Nyborg serviert, so schön und sympathisch und natürlich, dass sie Thorning-Schmidt wie eine Kopie in Madame Tussauds Wachsfigurenkabinett erscheinen lässt.«

Die Startchancen beider im Spitzenamt waren in etwa gleich leicht oder schwer. Wenn, wie geschehen, vier der fünf größten Parteien zur selben Zeit von Frauen geführt werden, fällt das in Kopenhagen kaum noch auf. Andererseits interessieren auch hier Privates und das Äußere nach wie vor bei Politikerinnen mehr als bei ihren männlichen Kollegen. Nyborg muss ihre Wirtschaftsministerin zum Rücktritt zwingen, nachdem deren erotische Jugendaktivitäten mit vielen wechselnden Partnern durch die Medienmühle gedreht wurden. Das würde einem männlichen Politiker nicht widerfahren. An Thorning-Schmidt klebten Medien den gehässig gemeinten Spitznamen »Gucci-Helle« wegen ihrer angeblichen Neigung zu teuren Handtaschen. Ich gestehe, dass ich ihn als Korrespondent genutzt habe. Es klang eben »knackig«.

Die Opfer waren zugleich Mittäter. Nyborg nutzte ihre Behandlung wegen Brustkrebs mitten im Wahlkampf für ein zu Herzen gehendes TV-Interview. Thorning-Schmidt entzückte Schlagzeilenproduzenten mit einer Antwort auf die immer katastrophaleren Umfragewerte: »Glaubt mir, es ist erst Schluss, wenn die Blondine ihre High Heels weggestellt hat.«

Als Opfer von Medienkampagnen zum Privatleben könnten die fiktive und die wirkliche Ministerpräsidentin einen sauber synchronen Paarlauf vorführen. Raten Sie mal, welche dieser hässlichen Geschichten für »Borgen« erfunden ist und welche sich tatsächlich so abgespielt hat:

Kurz vor den Wahlen sickert durch, dass der Ehemann der späteren Regierungschefin bei Jobs im Ausland Steuern hinterzogen haben könnte. Medien greifen Gerüchte auf, er sei schwul und führe mit der Politikerin eine Scheinehe – auch das steuerlich höchst brisant. Ermittlungen lösen sich in nichts auf. Der Steuerminister gibt viel später zu, dass er das Schwulengerücht weiterverbreitet hat. Er muss sein Parlamentsmandat niederlegen. Sein Expressesprecher kommt als mutmaßlicher Initiator der Rufmordkampagne vor Gericht. Beiden kann nichts nachgewiesen werden. Sie treten gemeinsam vor zahlendem Publikum mit einer Stand-up-Show über die Affäre auf. Der Expressechef begründet das lapidar: »Von irgendwas muss man leben.« Er kommt als Kommentator bei einer führenden Zeitung unter. Aus dem Exminister wird wieder ein Minister.

Zweite Geschichte: Kopenhagener Medien bringen Fotos mit der Tochter der Regierungschefin in einer Psychiatrie. Der Teenager wird während der stationären Behandlung von Paparazzi belagert und muss die Klinik deshalb verlassen. Die Ministerpräsidentin kommt daraufhin als »Rabenmutter« in die Schlagzeilen. Politisch wird sie attackiert, weil sie ihre Tochter zur Vermeidung langer Wartezeiten in einer teuren Privateinrichtung untergebracht hat. Es sei heuchlerisch, wenn sie gleichzeitig als Politikerin für das staatliche Gesundheitswesen werbe. Die Ministerpräsidentin nimmt das Arbeitnehmerrecht auf Urlaub zur Pflege eines kranken Angehörigen in Anspruch und bleibt den Regierungsgeschäften mehrere Wochen fern.

Leicht zu lösen, oder? Ich komme später darauf zurück.

Die Frage nach dem Realismus in »Borgen« lässt sich auch umkehren: Ist die Fiktion am Ende schon das Vorbild für die Kopenhagener Politik? Dänische Politiker verstehen diese Frage sofort. Etliche von ihnen haben sich ohne Zögern an den Erfolg der Serie zu koppeln versucht. Als Birgitte Nyborg für die Anerkennung der Prostitution als Broterwerb eintrat, legten die echten Konservativen zeitgleich im Parlament denselben Vorschlag vor. Sie argumentierten ausdrücklich mit dem Inhalt der Episode. Produzentin Camilla Hammerich staunt immer noch: »Das war einfach nur copy and paste.« Thorning-Schmidts Partei zog umgekehrt ihren Vorschlag zur Kriminalisierung von Sexkäufen zurück und brach damit ein Wahlversprechen. Für die Zeitung *Nordjyske* war klar, warum: »Nachdem Nyborgs Partei in ›Borgen‹ mit ihrer Logik so durchschlagenden Erfolg gehabt hatte, wollten die Sozialdemokraten nicht als unmodern dastehen.« Alles nachvollziehbar, jedenfalls da, wo die Grenzen zwischen Politik, Unterhaltung, Medien und Populismus gefallen sind.

Helle Thorning-Schmidt sagte zu ihrem Wechsel vom Kopenhagener »Borgen« zur Organisation »Save the Children« in London mit der ganz und gar entgegengesetzten Flüchtlingspolitik: »Ich habe jetzt eine neue Rolle.« Der Filmregisseur und -kritiker Christian Braad Thomsen sah eine Kollegin am Werk: »Wenn man Rollen spielt, ist man nicht Politiker, sondern Schauspieler.«

PS: Helle Thorning-Schmidt und Stephen Kinnock mussten vor der Steuerbehörde tatsächlich auch zu »Gerüchten« über die sexuelle Orientierung des Ehemannes Stellung beziehen.

Wo die Populisten gewonnen haben

»Wann sind Dänen mal richtig unfreundlich?«, fragte eine Hamburgerin beim Besuch im überaus freundlichen Kopenhagen. Da war gerade Pause beim politischen Dauerthema Migranten, eine von wenigen in den letzten 20 Jahren. Kopenhagener Politiker sorgen zuverlässig dafür, dass solche Pausen schnell vorbei sind. Vor der Folketings-Wahl 2015 überlegten die Oppositionsstrategen, auf welchem Feld Ministerpräsidentin Helle Thorning-Schmidt mit ihren Sozialdemokraten am sichersten zu schlagen wäre. Was dabei herauskam, beschrieb der Chefkommentator von Danmarks Radio so: »Die Bürgerlichen können hoffen, dass die gute alte Ausländerkarte wieder als Trumpf-Ass gegen Mitte-links stechen wird. Deshalb ihre knallharten Attacken, dass die Regierung hier butterweich sei. Das hat schon früher gut funktioniert.« Die Karte wurde gezogen.

Im Wahlkampf lieferten sich die Regierungschefin und ihr rechtsliberaler Herausforderer Lars Løkke Rasmussen eine Schlammschlacht um die zugkräftigsten Parolen gegen Zuwanderer. Die Sozialdemokratin legte vor: Sie meine schon, dass dänische Jobs zuerst an Dänen gehen sollten. Auf Plakaten mit ihrem Konterfei richtete sie umgekehrt an Flüchtlinge und andere Ausländer die Aufforderung: »Kommst du nach Dänemark, musst du arbeiten.« Als ob Nichtdänen erst mal herkunftsbedingt eine Abneigung gegen Arbeit hätten. Der Gegenkandidat wollte das übertrumpfen. Er rechnete vor, dass bei Einsparung der Ausgaben für Asylbewerber genug Geld da wäre für 150 000 zusätzliche Krebsoperationen oder 14 000 zusätzliche Krankenschwestern in dänischen Krankenhäusern. Dafür wolle er sorgen, und damit wurde er Ministerpräsident.

Zur Regierungsbildung war Rasmussen nach dem miserablen Ergebnis für seine Partei Venstre mit 19,5 Prozent dann allerdings auf den eigentlichen Wahlsieger angewiesen. Die Rechtspopulisten von Dansk Folkeparti hatten den Poker mit der »guten alten Ausländerkarte« locker gewonnen, fanden aber die Rolle als Mehrheitsbeschaffer mit viel Macht attraktiver als die eigentlich fällige Übernahme von Regierungsverantwortung. Sie bekamen 21 Prozent als zweitgrößte Partei nach den Sozialdemokraten (26 Prozent), die ihre Parlamentsmehrheit verloren. In den letzten zwei Jahrzehnten haben die Populisten mit dem »Ausländerthema« bei Wahlen so gut wie jedes Mal zugelegt, Furcht vor Zuwanderung zum dauerhaften Fundament der dänischen Politik gemacht und die alten Parteien zu immer weiter gehender Nachahmung getrieben. Auch die Sozialdemokraten würden gern mit ihr kooperieren und sind beim Thema Ausländerpolitik schon länger ein Herz und eine Seele mit Dansk Folkeparti.

Parteigründerin Pia Kjærsgaard hat es auf den Stuhl der Parlamentspräsidentin geschafft. Sie wurde früher als ungebildete Populistin abgetan und ist nun die Nummer zwei im Staat hinter der Königin. Heute sagt Kjærsgaard nicht mehr so grob wie zu Beginn ihrer Karriere: »Die Fremden vermehren sich wie die Kaninchen.« Man weiß trotzdem immer, wo sie steht.

Muslimisches Kopftuch und Hakenkreuz sind in ihren Augen »haargenau dieselben Symbole«. »Es gibt nur eine Zivilisation, und das ist unsere«, sagt sie.

Gleich nach der Wahl 2015 verschaffte die neue Regierung Dänemark internationale Schlagzeilen: Man werde syrische Bürgerkriegsflüchtlinge auf Schmuck und andere Wertgegenstände filzen, damit sie für ihr Asyl selbst bezahlen, kündigte Kopenhagen an. Es ging dabei nicht um Geld, sondern um das »Signal«. Das kam auch bei der *Süddeutschen Zeitung* an: »Dass diese Verfügung bis heute nicht durchgesetzt wird oder dass es ähnliche Regelungen auch anderswo gibt, spielt keine Rolle. Die Niedertracht ist gewollt.«

Ein hartes und berechtigtes Urteil über die Regierenden im *hygge*-Land mit dem angeblich glücklichsten Volk der Welt. Dabei hat Dänemark, statistisch betrachtet, wenig Besonderheiten zu bieten, wenn es um Zuwanderung geht. Zehn Prozent der Bürger haben einen Migrationshintergrund. Bei der Aufnahme von Flüchtlingen ist das Land in den letzten Jahren weder besonders verschlossen noch sperrangelweit offen gewesen. Aber mit betont hart verkündeten Regelverschärfungen hat Kopenhagen immer wieder international Aufsehen erregt. 2002 wurde der Zuzug ausländischer Ehepartner unter 24 Jahren verboten. In Deutschland gilt für den Zuzug ein Mindestalter von 18 Jahren. Die Anforderungen für die Zuerkennung der Staatsbürgerschaft sind drastisch gestiegen und Ansprüche auf staatliche Geldleistungen für Migranten drastisch gesenkt worden. Trotzdem erscheint das Land aus der Sicht von Flüchtlingen im Alltag wohl kaum feindseliger als etwa die Nachbarn Deutschland oder Schweden.

Es sei denn, sie verfolgen die öffentliche Debatte mit ihren immer neuen »Signalen«. Deren Häufigkeit, Härte und Konstanz über die letzten 20 Jahre sind ganz bestimmt eine Besonderheit. Aus zunächst als »nicht stubenrein« abgewiesenen

Spinnern vom rechten Rand sind so aus Sicht der anderen Parteien und der Medien geachtete Frühwarner vor der islamischen Gefahr, Wunschpartner im Parlament und Dirigenten der öffentlichen Debatte geworden. Die Rechte hat die Mitte besetzt, die Populisten sind zu Rollenmodellen für die alte Mitte geworden, und das kommt dabei heraus: Die Ausländer- und Integrationsministerin Inger Støjberg (Venstre) pöbelt in Begleitung von Journalisten junge Männer mit dunkler Hautfarbe auf der Straße an: »Seht zu, dass ihr eine Ausbildung bekommt. Sonst wird nie was aus euch.« Als die Angesprochenen verblüfft erklären, dass sie gerade Abitur gemacht hätten und studieren würden, ist die Ministerin längst weiter. Støjberg steht zu dieser Zeit stabil ganz oben auf der Popularitätsskala.

Fleißig Vorarbeit geleistet hat der Pastor Søren Krarup. Zum 75. Geburtstag verbeugte sich auch die linksliberale *Politiken* vor ihm als »einflussreichstem bürgerlichen Denker der letzten 30 Jahre« und »größtem Kopf der Rechten«. Niemand hat mit seinen Schriften durchschlagender dafür gesorgt, dass Zuwanderer als »Bedrohung für das Vaterland« eingestuft werden und unfreiwillig die politische Tagesordnung dominieren. Krarup drückt sich vorzugsweise wie folgt aus: »Kann das dänische Volk überleben, wenn das Christentum, das Fundament für die dänische Gesellschaft, über den Haufen gerannt wird von Fremden, die als Muslime Feinde des Christentums und des Dänentums sind?« Wie gesagt: Hier spricht der »einflussreichste Denker« und »größte Kopf«.

Zwischendurch stuft Krarup auch mal Homosexuelle als behindert ein und verlangt die Wiedereinführung des elterlichen »Züchtigungsrechts«. Luthers Hetzschrift »Über die Juden und ihre Lügen« brachte er neu heraus. Der Pastor mit Ansichten wie dem vorletzten Jahrhundert blieb ein bespöttelter Einzelgänger, bis ihm die größte Boulevardzeitung *Ekstra Bladet* ihre Spalten als »prophetischem Mahner« ganz weit öffnete. Das Blatt schwenkte auch selbst um und präsentierte in einer Serie »De fremmede«, also »die Fremden«, als kriminelle und nassauernde Alltagslast. Die Kampagne wurde 1997 zum Dammbruch für die öffentliche Debatte über Zuwanderung und läutete den Gezeitenwechsel in der Politik ein. Ein Jahr später trat die Dansk Folkeparti bei Wahlen an, weitere drei Jahre danach konnten die Populisten als Mehrheitsbeschaffer für das bürgerliche Regierungslager die Ausländerpolitik lenken.

Als die Zeitung *Jyllands-Posten* 2005 die weltberühmt gewordenen zwölf Mohammed-Karikaturen veröffentlichte, hatte sich auch in großen Medien der feindselige und erbarmungslos harte Grundton gegen Zuwanderer durchgesetzt. Muslime müssten sich daran gewöhnen, wie alle anderen »verspottet, lächerlich gemacht und verhöhnt zu werden«, begründete der Feuilletonchef die zwölf Zeichnungen. Nichts hat das kleine, an weltweite Beliebtheit gewöhnte Dänemark in der Nachkriegszeit so stark erschüttert wie die wilden Proteste gegen die Karikaturen in der islamischen Welt mit fast 200 Toten. Auf einmal sahen Dänen im Fernsehen ihren Dannebrog, das Symbol von Festlaune und *hygge*, in Beirut, Damaskus und Teheran in Flammen aufgehen.

Kanzlerin Angela Merkel kritisierte die Aktion von *Jyllands-Posten* zunächst als Verletzung religiöser Gefühle. Fünf Jahre später überreichte sie dem Karikaturisten Kurt Westergaard einen Preis für die Verteidigung der Meinungsfreiheit. Er hatte öffentlich zu seiner Karikatur des Propheten mit Bombe im Turban gestanden. Die Sache ist aber auch wirklich nicht einfach: Kurz vor dieser Preisverleihung hatte Westergaard einen Mordanschlag mit der Axt im eigenen Haus nur dank glücklicher Umstände überlebt. Auch das veränderte den Blick auf allen Seiten. Immer mehr Stimmen sehen die Karikaturen mittlerweile als das richtige Zeichen gegen den zunehmenden islamistischen Druck auf westliche Gesellschaften. Zu dieser Geschichte gehört aber auch, dass *Jyllands-Posten* sechs Tage vor den Karikaturen auf der Titelseite die Schlagzeile »Kald dem perkere«, »Nennt sie Kanaken«, brachte, verpackt als »Empfehlung eines Wissenschaftlers«.

An Schlagzeilen über die angebliche Unmöglichkeit von Integration und den drohenden Kollaps des Gemeinwesens durch muslimische Zuwanderung hat es seitdem in Kopenhagen nicht gemangelt. Als mal wieder ein schwieriges Alltagsproblem, der getrennte Schwimmunterricht für Jungen und Mädchen, zur Hamlet-Frage über Sein oder Nichtsein hochgetrommelt wurde, schrieb die Bürgerberaterin Bettina Post: »Die ganze Flüchtlings- und Integrationsdebatte macht uns langsam alle wahnsinnig.« Auch sie kann nicht fassen, warum dänische Gelassenheit, Pragmatismus und Optimismus von Meinungsmachern so komplett beiseitegelassen werden, wenn man sie am meisten braucht.

Für die Politik hat einer, der es wissen muss, handfeste Gründe genannt: »Was den Umgang mit der muslimischen Minderheit angeht, erleben wir den Kollaps unseres gesunden politischen Menschenverstandes. Und alles wegen der Jagd auf ein paar Stimmenprozente von Wechselwählern. Es sind halt die Entscheidenden.« Noa Redington hat als Spindoktor die Ministerpräsidentin Thorning-Schmidt beraten und mit seiner Chefin im Wahlkampf selbst erfolglos ausprobiert, was er als Kollaps beschreibt.

Darüber im Alter zornig geworden ist der eigentlich grundmilde Benny Andersen. Ein paar frohe Zeilen aus seinem Gedicht »Svantes lykkelige dag«, »Svantes glücklicher Tag«, haben dieses Buch eingeleitet. Der Autor wird für seine warmen, freundlichen und zugleich melancholischen Gedichte über den dänischen Alltag wie ein Nationaldichter verehrt.

Kurz vor dem 80. Geburtstag platzte dem Verehrten der Kragen wegen der Endlosspirale zu immer mehr Härte gegen Flüchtlinge. »Ich wünschte, ich könnte einige der positiven Gedichte über unsere Toleranz und all das, wofür wir so beliebt sind, aus meinen gesammelten Werken streichen«, sagte er. Er schäme sich, Däne zu sein.

Das ist die eine Seite. Andererseits wirkt der dänische Alltag sensationell immun gegen die trübe verbale Flut. Gewalt gegen Flüchtlinge findet auch in den Phasen mit dem stärksten Zustrom und der härtesten Rhetorik bemerkenswert wenig statt. Brandanschläge gegen Flüchtlingsunterkünfte wie in Deutschland oder Schweden haben extremen Seltenheitswert. Die »unverblümte« Ausländerdebatte sei schon das Ventil für Aggressionen, deshalb würden nicht Faust oder Streichholz als solches gebraucht, sagen die meisten. Das ist die dänische Umkehrung des in Deutschland verbreiteten Arguments mit entsprechenden Erfahrungen aus der eigenen Geschichte: dass verbale Brunnenvergifter die Gewalttäter zum Handeln animieren.

Als Ministerin Støjberg im Namen der Regierung gegen syrische Bürgerkriegsflüchtlinge polterte, sie seien nur Betuchte, denen man nicht helfen müsse, bildeten 160 000 Dänen in Windeseile ein Netzwerk. Die *Venligboere*, »Freundlich-Wohner«, organisierten praktische Hilfe. Die Bezeichnung klingt auch im Dänischen nett und seltsam zugleich. Sie ist aus der regionalen Zugehörigkeit der Initiatoren zum jütländischen Bezirk Vendsyssel als *Vendelboere* gebastelt. Hilfsorganisationen berichteten übereinstimmend, noch nie hätten sie so viel konstante Bereitschaft zur Hilfe für Flüchtlinge erlebt. Kurz vor dem Schreiben dieser Zeilen erlebte ich, wie die Polizei das Projekt einer »Fahrradschule« für Frauen aus Somalia unterstützte. Ohne Radfahren geht keine Integration in Dänemark. »Ihr möchtet fünf Räder aus dem Schuppen mit den geklauten und vergessenen? Hier habt ihr zwölf. Viel Erfolg, und kommt wieder, wenn ihr was braucht«, hörten die *Venligboere* vom uniformierten Herrn, der über das Fahrradlager wachte.

Aber wie passen diese beiden Seiten zusammen? Ich bekenne, dass ich nicht die eine schlüssige Antwort parat habe und über den Kontrast zwischen der intakten Alltagskultur und der kaputten, von Populisten umgekrempelten politischen Kultur immer wieder aufs Neue staune. Vielleicht sollte man mal einen fragen, der sich mit der Aufklärung ganz schwieriger Fälle in Dänemark besonders gut auskennt?

Aus Jussis Schreibhaus

Jussi Adler-Olsen antwortet kurz, bündig und gewagt auf die lange Frage, warum es in seinem Land auffällig weniger Gewalt gegen Flüchtlinge gebe als bei den deutschen und schwedischen Nachbarn, obwohl der Ton der Politik schon so lange viel härter und abweisender ist: »Jähzorn passt nicht zur dänischen Mentalität. Mit Selbstjustiz haben wir ein gewaltiges Problem. Es wäre schon sehr schwer, hier einen Adolf Hitler zu finden.« Dänemarks meistgelesener Krimiautor, mit Millionenauflage auch in Deutschland, fügt gleich an, dass die vielen grausamen Morde, der missmutige Kommissar Carl Mørck und der immer muntere Assistent Assad in seinen Büchern ein falsches Bild vom eigenen Land zeichnen: »Ich sage deutschen Lesern, sie sollen nur an meine Fantasie glauben. In Wirklichkeit leben wir Dänen in einer vergleichsweise sicheren Gesellschaft, die nach wie vor gut funktioniert. Du hast einen vernünftig organisierten Alltag mit Nachbarn um dich herum, die dir nichts Schlechtes wollen.«

Ich bin zu Adler-Olsen in die Kopenhagener Vorstadt Allerød gefahren, um ihn nach seinem Bild von der dänischen

Realität und möglichen Veränderungen zu fragen. Mich unbekannten Interviewer überrascht der Gastgeber mit einer überschwänglichen Begrüßung: Er habe wohl erst mal einen *krammer*, eine Umarmung, verdient. Warum das? »Weil du mir deine Frau zu verdanken hast. Grüß sie herzlich.« So selbstbewusst präsentiert sich nicht jeder, und ich weiß auch gleich, was er meint: 1981 hatte sich der damals 30 Jahre junge Däne bei einem »Friedensmarsch« gegen das atomare Wettrüsten zu Fuß von Kopenhagen nach Paris begeben, genau wie meine Frau. Es war am Anfang ein kleines Häufchen. Adler-Olsen erzählt oft und gerne, er sei einer der Organisatoren gewesen. Unterwegs kamen immer mehr Wanderwillige dazu. Als der *fredsmarch* aus dem Norden durch meinen Wohnort Bremen zog, waren schon ein paar Hundert beneidenswert entspannte Friedensaktivisten dabei. Das sah gleichermaßen verlockend und friedensdienlich aus. Ich nahm Urlaub, schloss mich dem Marsch in Ostbelgien an und wechselte in Westbelgien die ersten Worte mit besagter Dänin. Bei der Schlussdemo in Paris mit 10 000 Teilnehmern waren wir uns schon nähergekommen und anderthalb Jahre später ein Paar mit Dachkammer in Kopenhagen. Jussi hatte das von einer gemeinsamen Bekannten gehört. Das Land ist klein.

Der *krammer* wird ausgetauscht, und dann sagt dieser fleißige Schreiber und intelligente Selbstvermarkter: »Schieß los!« Wir sind ja, wie es eben ist in Dänemark, alle per Du.

Ob er beim Friedensmarsch richtig lange Haare gehabt hätte, wie ich? »Klar, und immer freien Oberkörper.« Auf die Frage, ob sich seitdem neben der Frisur auch sein Bild vom eigenen Land geändert habe, kommt erst eine Beschreibung des »klassischen« Dänemark, wie man sie oft hört: »Alle haben sich umeinander gekümmert. Das soziale System funktionierte perfekt, es war durch und durch sozialdemokratisch. Man fühlte sich sicher und geborgen. Die uns regiert haben, waren ordentliche Menschen. Vielleicht haben sie mal ein bisschen zu viel getrunken und waren etwas bonzenhaft, aber damit konnte man leben.«

Bereitschaft zum Konsens zwischen den politischen Flügeln und unaufgeregter Pragmatismus bilden für Jussi wie für die meisten Dänen den Schlüssel zum Erfolg ihrer Gesellschaft: »Man hat immer einen Mittelweg gefunden und das Beste von beiden Seiten genommen.« Tatsächlich waren in Kopenhagen Minderheitsregierungen der Normalfall, die sich ihre Mehrheiten je nach Bedarf unterschiedlich und auch quer über die »Blockgrenze« zwischen Links und Rechts zusammengebastelt haben. Bei der Rentenreform paktierten Sozialdemokraten mit Sozialliberalen und Rechtsliberalen, in der Energiepolitik gab es eine ganz andere Kombination, aber mit derselben Regierung an der Spitze. Das funktionierte, solange ein gegenseitiger Grundkonsens ohne absoluten Machtanspruch einer Partei oder eines Blocks galt. Ich nicke hin und wieder im schnellen Redestrom und denke, dass Jussis Bild vom »alten« Dänemark genau meinem ersten und prägenden Eindruck vom neuen Land entspricht.

»Diesen Weg gibt es nicht mehr. Heute ist *konsens-Danmark* tot, jedenfalls von oben her«, sagt Adler-Olsen. Anders als sein Kommissar Mørck aus dem Sonderdezernat Q braucht er keine 300 Seiten, ehe der Täter gefunden ist: »Anders Fogh Rasmussen war der entscheidende Mann bei dem Projekt, die sozialdemokratische Basis unserer Gesellschaft kaputt zu machen.« Der Rechtsliberale von der Partei Venstre, später auch NATO-Generalsekretär, tat sich 2001 mit den Rechtspopulisten als Mehrheitsbeschaffer zusammen. Der Deal funktionierte zehn Jahre lang so: Die Dansk Folkeparti bekam ihre Wünsche für die »härtestmögliche« Ausländerpolitik und die dazu passende Tonlage erfüllt. Sie garantierte dem Regierungschef im Gegenzug die Mehrheit für den angepeilten

Umbau des wohlig weichen »Konsens-Dänemark« in Richtung stramm durchorganisierte Ellbogengesellschaft. Die Krankenhäuser, die Schulen, die Behörden – alles habe man fortan per Kommando von oben steuern wollen, beklagt der Lieblingsschriftsteller der Dänen diesen neuen Weg überall in der Kopenhagener Politik: »Noch nicht mal unsere Teilnahme an den Kriegen des George W. Bush hat man ordentlich diskutieren können.« Dänemark ist all dem gefolgt und hat sich für Jussi in »eine leicht verrückte Gesellschaft« verwandelt.

Udansk, »undänisch«, nennt er das Regiment der Rechtsmehrheit von 2001 bis 2011 und dann wieder ab 2015. »Es wird Jahrzehnte dauern, bis das repariert ist. Aber ich bin Optimist.« Warum? »Die Politiker haben es ja nicht geschafft, unser gemeinschaftliches Streben nach *hygge* zu zerstören. Wir haben unsere Freude an vielem bewahrt, das uns eint. Das kann der frische Duft einer Buchenhecke sein, die gemeinsame Tasse Kaffee, ein Pfannkuchen, schon ist sie da. Wir haben viele Farben, auch wenn der Winter hier hart ist. Wir blühen auf, wenn er überstanden ist. Wenn er kommt, sammeln wir uns in kleinen Gruppen und verbreiten *hygge*. Wir haben auch unsere Selbstironie und unseren Humor generell. *Hygge* und Humor zusammen kennt man anderswo wohl nicht so.«

Das ist auch wieder eine klassisch positive dänische Selbstbeschreibung. Etwas überraschend nennt Jussi als Beispiel für intakte Gemeinschaftsgefühle auch noch das ungeschriebene Gesetz, dass man sich »nach außen ordentlich präsentiert«: »Das kann sich im Kleinen zeigen, zum Beispiel wie man die Hecke schneidet.« Da hatte man als junger Mann mit langen Haaren und freiem Oberkörper auf dem *fredsmarch* vielleicht noch etwas anders gedacht? Der freundlich ergraute Jussi unserer Tage, frisch ins Rentenalter eingetreten, aber unvermindert aktiv, liegt in vielem auf einer Linie mit der dänischen Mittelklasse im etwas fortgeschrittenen Alter. Wie fast alle findet er, dass man viel zu lange viel zu wenig Forderungen an die Zuwanderer gerichtet und zu spät auf Warnungen vor den hohen Zahlen gehört habe.

Jussi benutzt des Öfteren das Prädikat »paradox« für seine Eindrücke vom eigenen Land. Hat er ausführlich, im Sturmtempo und zunehmend in Rage den Abriss des »Konsens-Dänemark«, die Einschränkung der Meinungsfreiheit und den Vormarsch neoliberaler Egoisten beklagt, kommt plötzlich: »Es ist paradox, dass trotz allem weiter Bestand hat, was wir in 100 Jahren aufgebaut haben. Der soziale Wohnungsbau, die Genossenschaften, das funktioniert richtig gut. Wir haben soziale Systeme, die sich Menschen in schwerer Lage annehmen.« Sein Optimismus sei ein Paradox, klar. Der wichtigste Grund hierfür: »Mit den *Venligboere* für die Flüchtlingshilfe haben wir wieder eine echte Volksbewegung. Noch dazu für eine Sache, die nicht überall so populär ist.« Jussi erzählt begeistert und in noch höherem Tempo als sonst, er sei selbst mehr oder weniger zufällig in seinem jütländischen Heimatkreis Vendsyssel zu einem Mitstifter der Bewegung geworden. Beim Besuch in einem Asylcenter seien ein paar praktische Probleme zu lösen gewesen, eins führte zum anderen. Unter Mitorganisator und Mitstifter macht es der berühmte Mann eben nicht.

Beim Abschied seufzt der Bestsellerautor, dass er nur noch acht Wochen für die letzten 150 Seiten des neuen Thrillers aus seiner Abteilung-Q-Serie habe. Er wolle sie in seinem gerade erst gekauften Sommerhaus in Rørvig schreiben, eventuell aber auch im schwedischen Landhaus. Teile des Buches sind in der Stadtwohnung in Barcelona entstanden. Sie steht zum Verkauf, weil Jussi und Ehefrau Hanne eine schönere gefunden haben.

Ein paar Wochen nach dem Besuch in der Kleinstadt Allerød steht in den Zeitungen, dass das Paar sowohl das hiesige Wohnhaus als auch das Schreibhaus ein paar Straßen weiter zum Kauf anbietet. Jussi und Hanne möchten im Alter lieber wieder Großstädter statt Vorstädter sein und haben ein Haus mitten in Kopenhagen, im neuen Stadtteil auf dem alten Carlsberg-Brauereigelände, erstanden. Dänen sind bekanntermaßen mit dem Kauf und Verkauf von Immobilien schnell bei der Hand. In diesem Fall spielt Geld ja keine Rolle. Vor so viel individueller Energie im reifen Alter kann man trotzdem ruhig mal den Hut ziehen.

Unverschämt glücklich?

»Warum sind die Dänen so unverschämt glücklich?«, fragt die Deutsche Presse-Agentur, als das kleine Volk wie fast jedes Jahr auf Platz eins im »World Happiness Report« der UN gelandet ist. Die Kopenhagener Korrespondentin nennt zehn Gründe für den Spitzenplatz: vom Wohlstand und vom geringen Abstand zwischen Arm und Reich über soziale Sicherheit bis hin zum entspannten Umgang miteinander. Und dann auch diesen: »Kaum jemand liebt Lakritz mehr als die Dänen. Im Supermarkt gibt es mehr verschiedene Lakritz- als Schokoladensorten. Das schwarze Gold macht süchtig – und glücklich.«

Endlich ist klar, warum ich zu Hause der am wenigsten Glückliche bin. Ein Nichtdäne aus dem nörgeligen Deutschland und kein Lakritzfan – das ist eine ungünstige Mischung.

Hätte man doch wie Scarlett Johansson wenigstens einen dänischen Elternteil. Dabei kann sie die Sprache nicht und schaut nur alle Jubeljahre im Land ihres Vaters vorbei. Bei einem Familienbesuch in Kopenhagen gab die Hollywoodschauspielerin trotzdem ihren Senf zum Dänenglück: »Es kommt von dem vielen *smørrebrød*, das wir futtern. Deshalb sind wir so glücklich.«

»Wir!«

Beim »World Happiness Report« und allerlei ähnlichen Erhebungen lag das Land in den letzten 30 Jahren immer ganz vorn. Die Sieger selbst nehmen das trotz allem auch nicht viel ernster als die dpa-Kollegin mit ihrem Blick aufs Schräge. »Ich habe viele Dänen gefragt, ob sie wirklich glauben, sie seien glücklicher als andere. Noch habe ich keinen gefunden, der das wirklich meinte. In der Regel behandeln sie das Thema so, als seien sie Opfer eines *practical joke* und wüssten immer noch nicht, wer ihnen den Streich gespielt hat«, schreibt der Brite Michael Booth in seinem Dänemarkbuch. Es bekam den Titel »Der er et lykkeligt land« (Es gibt da ein glückliches Land) verpasst. Nun kennen die Dänen wenigstens einen, der ihnen diesen Streich gespielt hat.

Mir mailte ein Freund: »Bin überrascht, dass du über den Happiness Report wegen uns auf Platz eins schreiben willst. Den habe ich nie ernst genommen. Er sagt nichts darüber, wie glücklich wir Dänen sind, sondern nur, wie zufrieden mit dem Land, in dem wir leben. Das ist etwas ganz anderes.« Da hat er völlig recht. Das Dumme ist, dass eben alle in seinem Land dieses englische *happiness* mit dem dänischen *lykke*, Glück, übersetzen, obwohl *tilfredshed*, Zufriedenheit, treffender wäre.

Der Medizinstatistiker Kaare Christensen höhnte im *British Medical Journal*, seine Landsleute hätten so positiv auf die Fragen der Glücksforscher geantwortet, weil sie auch dabei mit Alkohol und Antidepressiva zugedröhnt gewesen seien. Ihr mäßiger Gesundheitszustand und die niedrige Lebenserwartung jedenfalls lieferten keinen Grund für Glücksgefühle. Daran gemessen, müssten Deutsche glücklicher sein. In Dänemark verschreiben die Ärzte gleich ein Drittel mehr Antidepressiva.

Auf der Glücks-Weltrangliste landet Deutschland mit viel Luft hinter den Dänen im europäischen Mittelfeld. Der *Spiegel* fand das ungerecht: »Würde man die Zufriedenheit nach Einkommen, Arbeitslosenquote und Bildungsstand ermitteln, müsste der Abstand zwischen Deutschland und Dänemark deutlich kleiner sein.« Das Magazin »brillierte« mit einem brandneuen Erklärungsversuch: »Uns fehlen die Gene zum Glücklichsein. Oder im Kontext der aktuellen Studie formuliert: Die Deutschen sind zu wenig dänisch.« Zu jeder Behauptung findet man die passende Studie. Diese stützte sich auf »Befunde« von der University of Warwick in der Nähe von Coventry: »Je ähnlicher eine Nation den Dänen genetisch war, desto höher schätzten Befragte ihre Lebensqualität ein.« Den zweiten Punkt mit dem Glückshormon Serotonin und »wenig Mutation in der dänischen Bevölkerung« habe ich nur rudimentär verstanden. Der letzte fiel klarer aus und schien tatsächlich ernst gemeint: »Ebenfalls für dänische Glücksgene spricht die dritte Beobachtung der Forscher: Sie zeigt, dass Amerikaner mit dänischen Vorfahren besonders zufrieden sind.« Scarlett Johansson!

Medizinstatistiker Christensen lieferte augenzwinkernd eine noch schönere Hypothese ab: Sein Forscherteam habe das 2:0 bei der Fußball-EM 1992 gegen den übergroßen Nachbarn Deutschland als ausschlaggebend ermittelt: »Dieser Sieg gab der dänischen Psyche unstreitig den größten Schub in der endlosen Geschichte eigener Rückschläge, die mit der Niederlage gegen England 1066 begann, gefolgt vom Verlust Schwedens, Norwegens, Norddeutschlands, der Westindischen Inseln sowie auch Islands.« Andererseits gehe es vielleicht am Ende doch nur um die generell »niedrige Erwartung an das jeweils kommende Jahr«: »Jedes Mal sind wir dann angenehm überrascht, dass die Dinge nicht noch fauler geworden sind im Staate Dänemark.«

Diese selbstironische Erklärung ist oft zu hören. Im Hinterkopf haben wohl so gut wie alle Dänen, dass schon ein paar seriöse Gründe für Zufriedenheit und mitunter auch Glücksgefühle zusammenkommen. Dem Zeitungskorrespondenten Hannes Gamillscheg fiel auf, dass dänische Eltern ihr Glück auch als Vornamen Lykke an die nächste Generation weitergeben. Laut der behördlichen Zählung für »Danmarks Statistik« sind gerade jetzt 2762 weibliche und 26 männliche Träger dieses Namens registriert. Gamillscheg schrieb vor einigen Jahren in der *Frankfurter Rundschau*: »Nehmen wir den Namen als Programm: Wo sonst könnte die Single-Mom Lykke beruflich Karriere machen und ihre drei Kinder in besten Händen wissen? Wo sonst hätte sie ihre Ausbildung mit öffentlicher Hilfe finanzieren können, unabhängig vom Einkommen ihrer Eltern? In Dänemark konnte sie nach der Geburt ihrer Kleinen jeweils ein Jahr Elternzeit nehmen, bei fast vollem Lohn, und anschließend zurückkehren in den Job, als wäre sie nie weg gewesen. In Dänemark wird sie, sollte sie arbeitslos werden, von einem Sicherheitsnetz aufgefangen, das niemanden abstürzen lässt, was ihr den Mut gibt, sich beruflich zu verändern. Wenn sie weit in die Zukunft blickt, weiß sie, dass auch ihre Altersversorgung gesichert ist.«

Das Gefühl von Sicherheit ist hier genauso wichtig wie die tatsächliche Lage. Vertrauen *(tillid)* in die Umgebung und Sicherheit *(tryghed)* als soziale Grundgefühle setzt das Kopenhagener »Institut for Lykkeforskning« auf der Ursachenliste für heimisches Glück ganz nach oben, noch vor Wohlstand und Arbeit. Wenige Dänen machen sich Sorgen um die Rente, auch wenn manche zunehmend Grund hätten. Das Grundvertrauen in ein funktionierendes Sozialsystem mit einem guten Staat als Verwalter ist einfach da.

Vermittelt wird es schon mit der Muttermilch. Neunzig Prozent der Kinder besuchen eine *vuggestue*, die Kinderkrippe, im Alter zwischen einem und drei Jahren. Über den *børnehave*, Kindergarten, die *folkeskole*, neun Jahre Gesamtschule, bis zu den drei Jahren *gymnasium* bekommt der Nachwuchs das eigene Land als gut funktionierenden, vertrauenswürdigen und für alle offenen Rahmen präsentiert. Das sichtbarste Symbol ist der allgegenwärtige Gebrauch des Dannebrog: Vor mir liegt ein – sympathisches – Schulbuch für die 9. Klasse mit rot-weiß flatternder Fahne auf dem Umschlag und dem Titel »Dansk, danskere, danskest – om danskhed« (Dänisch, dänischer, am dänischsten – über das Dänischsein) mit dem Motto: »Es ist typisch dänisch zu fragen, was typisch dänisch ist.«

Die Antworten fallen nicht plump nationalistisch aus, sondern bunt, mit Stimmen von außen und immer mal durchaus selbstkritisch, jedenfalls im Ansatz: »Wir sind felsenfest überzeugt, dass wir alles ein bisschen besser hinbekommen haben als die anderen und dass unser Wohlfahrtsstaat uns von anderen unterscheidet.« Fair zitiert wird aus dem »Xenophobe's Guide to the Danes«, dass anderen diese Selbstüberschätzung auf die Nerven gehen kann. Trotzdem schreiben die Autoren von »Dansk, danskere, danskest« auch Sätze wie: »Wir sind nicht so korrupt wie andere Länder.«

Der britische Anthropologe Richard Jenkins hat von einem Forschungsjahr in der jütländischen Kleinstadt Skive den Eindruck mitgenommen, dass die »machtvolle nationale Ideologie einer homogenen Bevölkerung mit Wurzeln im 19. Jahrhundert« das dänische Selbstverständnis prägte. Das ist guter Nährstoff für Nationalismus und Selbstverherrlichung. Trotzdem macht die kollektiv positive Sicht auf die eigene Gesellschaft schon mal neidisch. Sie wirkt verstärkend auf das, was sie zu sehen glaubt. Wer Vertrauen hat und sich sicher fühlt, gibt das in der Regel gern weiter.

Die Realität muss aber auch das vermittelte Bild im Großen und Ganzen bestätigen. Leicht finden sich positive Beispiele, zunehmend aber auch entgegengesetzte. Manchmal ist für mich nicht auf Anhieb klar, in welche Richtung Besonderheiten des Alltags weisen: Zeigen sie Zufriedenheit oder das Gegenteil?

Hier das erste von drei Beispielen: Seit ein paar Jahren können sich dänische Ehepaare mit ein paar Mausklicks am Rechner scheiden lassen, wenn sich die Partner einig sind. Keine Anwälte, Schriftsätze, Behördengänge, Vermittlungsgespräche, keine obligatorische Trennungszeit. Einloggen auf der Behördenwebsite reicht. Das Ausfüllen des kompletten Scheidungsformulars dauerte bei meinem Testlauf zwei Minuten und 48 Sekunden. Haben beide Ehepartner digital unterschrieben und 420 Kronen, 55 Euro, überwiesen, kommt vollautomatisch, unverzüglich und natürlich nur digital die amtliche Bestätigung, dass sie geschiedene Leute sind. Ein Zurück gibt es nicht. Man müsste dann schon wieder neu heiraten.

»Jetzt kann man sich nach einem Wutanfall und Streit am Freitagabend an den Rechner setzen, und am Montag ist man geschieden«, sagt die Familienanwältin Helle Larsen. Sie findet das falsch. Die Regierung begründete die Neuerung als Schritt »weg von staatlicher Bevormundung«. Nebenbei hieß es auch, dass das neue System viel »effizienter«, sprich personal- und kostensparend, sei. In den ersten Jahren mit der neuen Effizienz explodierte die Scheidungsrate: Ein Viertel mehr Paare ließen sich scheiden, unterm Strich eine Quote von 54 Prozent aller geschlossenen Ehen und damit neun Prozentpunkte mehr als in Deutschland. Die Initiative ergreifen in zwei Drittel aller Fälle die Däninnen. Sie sind ja schon viel länger als deutsche Frauen auf dem Arbeitsmarkt fest etabliert. Friedliche und freundliche Trennungen bekommt man hier nach meinem ganz und gar nicht repräsentativen Eindruck häufiger hin. Unterhaltsanspruch für Ehegatten ist Dänen fremd, sie kennen so etwas schon lange nicht mehr. Ein Drittel aller 15-Jährigen haben die Scheidung ihrer Eltern hinter sich. Siebzig Prozent aller Wohnungen werden von Singles bewohnt, mit oder ohne Kinder. Schwer zu sagen, finde ich, ob all das für mehr Glück und Zufriedenheit oder eher für das Gegenteil spricht.

Das zweite Beispiel: Zur dänischen *hygge* gehört unverbrüchlich auch die Wohnkultur. Die dpa-Korrespondentin Julia Wäschenbach nannte sie als sechsten von zehn Gründen dafür, dass Dänen »so unverschämt glücklich sind«: »Sie sind Meister des Designs. Wer ein ganz normales Wohnzimmer betritt, fühlt sich oft an eine Möbelausstellung erinnert, aber im besten Sinne. Skandinavier wissen, wie man es sich gemütlich macht. Breite Sofas, Kerzenschein und nach dem Essen (egal, um welche Uhrzeit) Kaffee und Kuchen.« Sechzig Prozent der Dänen und in Kopenhagen sogar 70 können das als Besitzer der eigenen vier Wände zelebrieren. Sie haben dafür mit 52 Quadratmetern pro Person sieben mehr als der Durchschnittsdeutsche.

Sie riskieren auch mehr dafür: Was ist schon der Kauf einer Immobilie, denken viele, man kann sie ja wieder verkaufen und deshalb auch ohne viel Grundkapital auf Pump finanzieren. Die durchschnittliche Verschuldung dänischer Haushalte mit 300 Prozent des verfügbaren Jahreseinkommens ist Spitze in Europa. Um sich davon nicht die Nachtruhe rauben zu lassen, braucht man eine Menge Zuversicht.

Wie groß und verblüffend krisenfest die bei den dänischen Häuslebauern ist, zeigt ein beliebter Kredit namens »F1«. Damit können Dänen ihre Immobilie über zehn Jahre tilgungsfrei beleihen. Man zahlt nur die Zinsen und schiebt das eigentliche Abstottern vor sich her. In der Hoffnung, dass man nach Ablauf der Galgenfrist immer noch einen Job hat und der Wert des Hauses gestiegen ist, nicht aber die Zinsrate. Andernfalls wird es richtig schwer, die plötzlich vervielfachte Höhe der Abzahlung zu bewältigen. In vielen Ländern sind solche Kredite als zu riskant verboten.

In Dänemark animierten Politiker ihre Mittelklassewähler mit der als »fast sicher« zu erwartenden Wertsteigerung ihres Wohneigentums zu immer neuer Verschuldung. Man hat ja den schon abgezahlten Wert der Behausung als Sicherheit. *Friværdi* nennt sich das, »Freiwert«, und klingt in dänischen Ohren zauberhaft schön beim Schuldenmachen für neue Einbauküchen, Segelboote, Designermöbel, Autos sowie Weltreisen. Als Gipfel des Glücks winkt ein ganz und gar steuerfreier Verkauf von Haus oder Wohnung, deren Wert in den letzten 20 Jahren mancherorts tatsächlich um das Vierfache gestiegen ist. Das reinste Paradies für die ältere Generation, die in billigen Zeiten gekauft hat, und ein verschlossenes oder skandalös teures für junge Erstkäufer.

Übergangsweise brachte die Finanzkrise auch in Dänemark alles ein bisschen ins Wanken. Die Immobilienpreise sackten ab, die Arbeitslosigkeit stieg, das exzessive Leben auf Pump erschien immer mehr Dänen als Kartenhaus. Aber es krachte nicht zusammen. 2016 waren über die Hälfte aller Hauskredite »tilgungsfrei«. »Dänemark ist für uns Banker ein Paradies«, sagte zu diesem krisenfesten Optimismus der Kopenhagener Filialleiter eines deutschen Geldinstituts.

Das dritte Beispiel: Zur unbesorgt sicheren Zuversicht gesellt sich das Vertrauen. Nicht nur in die Mitmenschen, wenn dänische Eltern beim Cafébesuch den Kinderwagen samt Inhalt draußen stehen lassen. Könnte man sich in Deutschland eine »Personennummer« für jeden Bürger vorstellen, mit deren Hilfe Polizei und Behörden, Kirchen, Banken, Versicherungen, Ärzte, Schulen, Gewerkschaften alle Bürger von der

Geburt bis zum Tod erfassen und verwalten? Die Dänen haben sie seit 1968, und niemand stört sich am Big-Brother-Überwachungssystem »Det Centrale Personregister« (CPR). Ohne die zehnziffrige CPR-Nummer kann man in Dänemark nicht leben.

Der Name eines Bürgers ist den Behörden egal. Großzügig lassen sie Eltern ein halbes Jahr Zeit, um sich den Vornamen für ihr Neugeborenes zu überlegen. Jeder kann sich später selbst neue Vor-, Mittel- und auch Nachnamen gegen eine Gebühr von 510 Kronen, 70 Euro, zulegen. Aber die Personennummer bleibt unauslöschlich dieselbe, vom ersten Schrei im Kreißsaal bis über das Begräbnis hinaus. Ob man in Dänemark beim Hausarzt anklopft, ein Auto kauft, einen Job antritt, aus der Stadtbücherei ein Buch entleiht oder im Fitnesscenter ein paar Kilo abstrampeln möchte: Immer wird erst die CPR-Nummer abgefragt, mündlich oder vom Computer. Sonst geht gar nichts.

Die enormen Möglichkeiten zur Überwachung und nebenbei auch zum Identitätsdiebstahl sind schnell einsichtig. Etwas komplizierter wird die Antwort auf die Frage, warum Bürger damit ohne vernehmbares Murren leben. Dänen sehen sich sonst als ausgeprägt antiautoritär. Der Brite Jenkins hat in seinem Buch »Being Danish« gute Vorschläge zur Erklärung geliefert: »Für die meisten Dänen gilt, dass dieses Maß an Aufsicht und Kontrolle, der sie unterworfen sind, ihnen im Alltag wenig störend im Weg steht.« Der Staat sei in ihren Augen so etwas wie »ein unaufdringlicher und meistens auch guter Nachbar«. Er liefere »mehr oder weniger konstant ein modernes Wohlfahrtssystem«. Das muss halt organisiert sein. Außerdem ist die Personennummer für alle obligatorisch.

Behördensysteme mit »gleichheitsbetonter Konformität« klingen Jenkins zufolge in dänischen Ohren immer gut. Sogar die Königin braucht eine Personennummer. Sie beginnt mit

090440, Margrethes Geburtsdatum, und endet mit einer für Frauen immer geraden vierstelligen Zusatzzahl. Ehemann Henrik hat nach 110634 als Mann eine ungerade. Die Zusatzzahl behält man besser für sich.

Als ich nach Dänemark zog, schien mir die Personennummer ein Vorgriff auf den totalen Überwachungsstaat. Inzwischen gebe ich sie bereitwillig auch einem Verwalter von Minigolfschlägern, wenn er sie verlangt. Wie gesagt: Vertrauen ist ansteckend. So habe ich achtmal dänische Verträge für den An- oder Verkauf einer Immobilie unterschrieben und jedes Mal etwas weniger Angstschweiß von der Stirn wischen müssen. Auch Zuversicht ist ansteckend.

Über Louisiana ist Freundlichkeit

Kultur ist ein weiter Begriff. Da möchten manche Ordnung schaffen. In Dänemark können wir uns durch den amtlichen »Kulturkanon« pflügen und haben möglicherweise alles Wichtige schnell im Blick. Hans Christian Andersen, den in seiner Heimat alle immer nur H. C. Andersen nennen, gehört mit der »Kleinen Meerjungfrau« dazu. Lars von Triers Film »Idioten« über zwölf verrückt und verzweifelt gegen Normen anspielende Dänen steht in dem Kanon genau wie Søren Kierkegaards Mammutwerk »Entweder – Oder«, das im Herkunftsland fast niemand gelesen hat. Aber alle kennen das eine Zitat: »Verheirate dich, du wirst es bereuen; verheirate dich nicht, du wirst es auch bereuen. Heirate oder heirate nicht, du wirst beides bereuen.« Dänen verstehen es gerne als weiteren klassischen Ausdruck für Wankelmut als eigene kollektive Unart.

Einhundertacht heimische Werke aus Architektur, Literatur, Film und sechs anderen Sparten sind seit 2006 sauber auf dieser höchst umstrittenen Liste kanonisiert. Man kann auch sagen: national heiliggesprochen. Ein Werk sticht heraus, weil es am anderen Ende der Welt entstanden ist: Die Fachjury hat die Oper von Sydney, entworfen in den Fünfzigerjahren des letzten Jahrhunderts vom Kopenhagener Architekten Jørn Utzon, zu einem von zwölf herausragenden Bauwerken der dänischen Architekturgeschichte erklärt. Da steht sie nun auf einer Liste mit der schlichten romanischen Dorfkirche von Hover in Jütland aus dem 12. Jahrhundert und der monumentalen Brücke über den Großen Belt, eröffnet 1998.

Ob Dänen sich ihre Wertschätzung für Kultur wirklich von staatlich eingesetzten Kommissionen vorschreiben lassen? Ich kann mir das kaum vorstellen und habe Bekannte gefragt, was sie an der heimischen Kultur besonders schätzen. »Den Hafen in Esbjerg«, antwortete eine Nachbarin etwas überraschend. Dies sei der beste Ort der Welt für kulturelle Erlebnisse in der Nordseestadt. Museen, monumentale Statuen, Konzertsäle: Alles liegt am Wasser. Andere Antworten waren: »das Folkfestival in Tønder«, »die Sommerkurse in der *højskole*«, »unsere Chorauftritte im Dom in Roskilde«, »das Bournonville-Ballett im Kopenhagener ›Tivoli‹«. Die gute Freundin Tove sagte: »Wir sind am liebsten in Lyngby bei Kopenhagen im ›Frilandsmuseet‹ mit den wiederaufgebauten Bauernhäusern. Aber es ist eine Sauerei, dass sie die Museen so teuer machen für Familien mit Kindern.« Immer nehmen Tove und ihr Johannes den gefüllten Picknickkorb mit. Schnell wurde klar: Fast alle heben die *folkelige* Seite der Kultur hervor und am liebsten etwas in der warmen, hellen Jahreszeit.

Mir selbst fällt sofort das Kunstmuseum Louisiana nördlich von Kopenhagen ein. Dann die gelassene dänische Lebenslust bei endlos vielen Sommerfestivals: Rock in Roskilde, immer neue Hamlets auf Schloss Kronborg in Helsingør, Jazz im Juli überall in der Hauptstadt. *Festivalkultur* nennen es die Dänen und sind darüber genauso froh wie über ihre *cykelkultur*, die Fahrradkultur. Kultur, wie gesagt, ist ein weiter Begriff.

Mir kommen große Jazzmusiker wie Ben Webster, Dexter Gordon, Kenny Drew und Stan Getz in den Sinn. Verblüffend viele zogen nach Kopenhagen. Skandinavien war in der Nachkriegszeit so viel entspannter als die USA und vor allem weitgehend frei von Rassismus. Diese Musiker, die meisten Afroamerikaner, haben die dänische Kultur gewaltig bereichert, aber im nationalen Kanon steht keiner von ihnen. Da findet man nur Dänen, was den Unsinn dieses Unternehmens zeigt: Kultur mischt sich so gerne und viel über alle Grenzen. Immerhin haben die Kopenhagener eine Straße, den Ben Websters Vej, nach dem großen Saxofonisten benannt. Sein Grab hat er auf dem Assistens Kirkegaard, dem Ehrenfriedhof mit den Gräbern von H. C. Andersen, Søren Kierkegaard und anderen offiziellen Kanongrößen.

Drei Dänen haben den Literaturnobelpreis bekommen, aber es ist schon eine Weile her. 1917 teilten sich Karl Adolph Gjellerup und Henrik Pontoppidan die größte aller Auszeichnungen an Schriftsteller. 1944 ging sie an Johannes V. Jensen. Ein paar Jahre knapp vorbeigeschrammt war Karen Blixen, in Deutschland bekannt als Tania Blixen mit ihrem Roman »Jenseits von Afrika«. Ewige Nobelfavoritin blieb die Lyrikerin Inger Christensen. Als sie 2009 mit 73 starb, schrieb ihr deutscher Kollege Durs Grünbein: »Eine der großen Stimmen der modernen europäischen Poesie ist verstummt. Es war die mit Abstand beruhigendste, die mit dem tröstlichsten Timbre.« Die stille Poetin fiel ausschließlich durch ihre kunstvoll nach mathematischen und musikalischen Prinzipien gewebten Gedichte auf. Drei Zeilen aus dem Requiem »Das Schmetterlingstal«, übersetzt von Hanns Grössel:

Mein Ohr antwortet mit seinem tauben Klingen:
Es ist der Tod, der dich mit eigenen Augen
vom Schmetterlingsflügel aus anblickt.

Von Schriftstellerei zu leben ist sehr schwer in einem so kleinen Land mit engstem Sprachraum. Noch nicht mal auf Island, bis zum Zweiten Weltkrieg Teil des Königreiches, spricht man ordentlich Dänisch. Bücher sind teuer, dafür die *folkebiblioteker*, die Stadtbüchereien, von jeher doppelt so gut ausgestattet wie die in Deutschland.

Inger Christensen halfen auch öffentliche Fördersysteme, um die skandinavische Künstler anderswo beneidet werden. Eines davon ist die »lebenslange Ehrengabe«, eine Art bescheidenes Grundeinkommen ohne Gegenleistung für Künstler mit anerkannten Meriten. 275 Empfänger bekommen jeweils maximal 155 000 Kronen, 20 000 Euro, im Jahr. Andere Einkünfte werden ab einer bestimmten Höhe verrechnet. Für die 275 Auserwählten ist die Zuerkennung auch unabhängig vom Geld der Ritterschlag. Ein für alle Mal gehören sie zur Crème de la Crème. Natürlich wird über Nepotismus gezetert. In so einem kleinen Land kennt jeder jeden. Rechte Populisten laufen Sturm gegen Steuergelder für diese in ihren Augen in aller Regel vaterlandslosen Gesellen und Gesellinnen der »Kulturelite«.

Auch Lars von Trier hat Anspruch auf die lebenslange Gabe. Mit seinen Filmen – für die einen abstoßend und irritierend, für andere faszinierend, aber niemandem im Kinosaal gleichgültig – ist er Dänemarks berühmtester Kunstexport seit H. C. Andersen und der Stummfilmdiva Asta Nielsen. Von Trier (das »von« hat er selbst hinzugefügt) verstand überhaupt keinen Spaß, als »Idioten« in den frisch beschlossenen »Kulturkanon« aufgenommen werden sollte. Aus Protest ließ er sich beim Zerschnippeln kleiner Dannebrogs filmen. An den Kulturminister Mikkelsen, nicht verwandt mit Mads von der Leinwand, schrieb er: »Lieber Brian, gerade habe ich von Deinem Kanon gehört. Eine fürchterliche Idee, aus der ich hoffentlich herausgehalten werde. [...] Wenn ich irgendetwas auf keinen Fall sein will, dann national.« Wenn die Regierung 2006 irgendetwas wollte, dann national sein. Mikkelsen von der Konservativen Partei begründete den »Kulturkanon« mit der Notwendigkeit nationaler Identitätsfindung in einem »langen und zähen Kulturkampf«: »Eine mittelalterliche muslimische Kultur wird hier bei uns niemals so gelten wie die dänische, die nun einmal aus diesem alten Stück Land zwischen Gedser und Skagen, zwischen Dueodde und Blåvandshuk erwachsen ist.«

Von Triers provokativer Protest verpuffte. Provozieren ist eine schwere Kunst im *hygge*-Land, erst recht mit Narrenfreiheit als Filmgenie und Exportschlager. Dabei strengt sich der exzentrische Meisterregisseur an. Eine private Kostprobe bekam ich im schwedischen Göteborg beim Filmfestival. Von Trier wartete nervös auf sein Taxi zum Bahnhof. Meines in dieselbe Richtung kam eher, ich fremder Reporter bot die Mitfahrt an. Bei der Ankunft murmelte der Cannes-Preisträger: »Das zahlt wohl das Festival.« »Nicht dass ich wüsste«, murmelte der Taxifahrer zurück. Von der Rückbank warf ich fröhlich ein: »Die Deutsche Presse-Agentur übernimmt die Rechnung gerne.« Trier drehte sich zu mir um: »Das ist wohl auch das Mindeste nach dem, was im Krieg zwischen unseren Ländern passiert ist.«

Man ist ja dankbar für so eine Anekdote. Komplett schief ging andererseits von Triers Provokationslust auf der großen Bühne von Cannes, als er vor Journalisten über die heimische Kollegin Susanne Bier als unfähig und als Jüdin herzog. Er äußerte »Verständnis« für Hitler und kündigte seinen nächsten Film »Nymphomaniac« so an: »Wir Nazis bevorzugen die Endlösung. Meine ist ein drei Stunden langer Pornofilm.«

Hinterher versuchte der landesuntypisch provokante Däne, sich mit einer landestypischen Erklärung zu retten: Das sei dänischer Humor gewesen, den die Kopenhagener Reporter bestens verstanden hätten, aber die ausländischen leider nicht. Verständnis fehlte auch dem Cannes-Festival, das seinen Darling für ein paar Jahre ausschloss. Im eigenen Land regte sich niemand so recht auf: Es waren halt ein paar verunglückte, aber eben doch harmlose dänische Witze.

»Sie waren alle überzeugt, dass der Faschismus bei ihnen nicht geht, weil sie zu viel Humor haben«, spottete Bertolt Brecht über die Dänen in seinen »Flüchtlingsgesprächen«, als er aus dem Exil am Svendborgsund (1933–1939) weitergezogen war nach Finnland. Der Flüchtling Ziffel, dem er den Satz in den Mund legte, fährt fort: »In einem Land leben, wo es keinen Humor gibt, ist unerträglich, aber noch unerträglicher ist es in einem Land, wo man Humor braucht.« Von Trier war selbst vom Desaster in Cannes geschockt – und hat ein paar Jahre lang öffentlich gar nichts mehr gesagt.

Auch ohne Kanon sind sich Dänen schon lange einig gewesen, dass die erste Hälfte des 19. Jahrhunderts die ganz große Zeit für ihre Kultur war. Deren Blüte begann mit einem Kulturfrevel, der dem Land durch Mark und Bein ging. Am 4. Mai 1802 stahl der Goldschmied und Uhrmacher Niels Heidenreich aus der Königlichen Kunstkammer in Kopenhagen die zwei »Goldhörner von Gallehus«. Die Trink- oder Blashörner aus dem 4. Jahrhundert mit nordwestgermanischer Runeninschrift wurden als nationale Geschichtssymbole hoch in Ehren gehalten. Der Dieb schmolz den Schatz ein. Kopien wurden auch wieder gestohlen und zerstört. Adam Oehlenschläger, Vater der dänischen Romantik, startete seine literarische Karriere 1803 mit dem dramatischen Gedicht »Guldhornene«, »Die Goldhörner«. Das war die Fanfare zum *guldalder*, dem Goldenen Zeitalter.

Diese Epoche hat über ein halbes Jahrhundert so viele große Namen hervorgebracht wie keine andere in Dänemark. H. C. Andersen und Søren Kierkegaard, den Bildhauer Bertel Thorvaldsen, den Theologen Nikolai Frederik Severin Grundtvig, die Komponisten Friedrich Kuhlau und Christoph Ernst Friedrich Weyse, den Maler Christoffer Wilhelm Eckersberg, den Physiker Hans Christian Ørsted, den Ballettmeister August Bournonville und andere mehr.

Oehlenschläger schrieb später die Nationalhymne »Der er et yndigt land«, »Es gibt ein liebliches Land«. Er war Nationalromantiker, aber auch ein zeittypischer Grenzgänger zwischen der heimischen Kultur und der des Nachbarn. Sein komplettes literarisches Werk übersetzte er selbst ins Deutsche oder schrieb gleich das Original in der Sprache des großen Nachbarn. 1844 nahm ihn der preußische »Orden Pour le mérite« auf. Kierkegaard machte vier von fünf Auslandsreisen seines kurzen Lebens nach Berlin. Zuerst, um den Philosophen Schelling zu hören. Nebenbei auch, weil er hoffte, nach der unglücklichen Entlobung von Regine Olsen auf andere Gedanken zu kommen. Andersen reiste zeitlebens am liebsten nach Deutschland, allein 30-mal war er in Dresden. Der Maler Eckersberg lernte seine Kunst in Paris, der Bildhauer Thorvaldsen lebte und arbeitete 30 Jahre in Rom, ehe er als gefeierter Ehrenbürger nach Dänemark heimkehrte.

Das *guldalder* blühte auch als Kontrast zu politischem und wirtschaftlichem Niedergang: 1801 vernichtet die britische Flotte die dänische so gut wie komplett auf der Kopenhagener Reede und bombardiert die Hauptstadt 1807 vom Øresund aus. Dänemark schlägt sich auf die Seite Napoleons und setzt aufs falsche Pferd. 1813 ist der Staat bankrott, ein Jahr später geht Norwegen an Schweden und Helgoland an die Briten verloren. Romantische Verherrlichung des Landes war Balsam auf diese Wunden. Die beiden letzten Strophen von Oehlenschlägers Nationalhymne von 1819, bis heute gesungen, illustrieren das:

Das Land ist noch immer schön!
Denn blau umgürtet es die See,
und das Laub grünt so frisch.
Und edle Frauen, schöne Mädchen,
Männer und flinke Knaben
bewohnen die Inseln der Dänen.

Heil Fürst und Vaterland!
Heil jedem Dänenbürger,
der leistet, was er kann!
Unser altes Dänemark wird bestehen,
solang die Buche spiegelt
ihre Krone in der blauen Woge.

Die Oehlenschlägers, Kierkegaards und Andersens mischten sich immer auch in die europäische, nicht zuletzt die deutsche Kultur. Sie standen für ein multikulturelles Dänemark. Der Zeitsprung mag ein bisschen hart ausfallen: Genauso ist es heute, mit oder ohne Kanon. Ein Lars von Trier sagt im Film »Breaking The Waves« mit dem Opfertod einer Mutter für ihren kranken Sohn einiges über sein offenbar katholisch geprägtes Frauenbild und die eigene Religiosität. Aber nationale Kultur? Der in Kopenhagen geborene, im isländischen Hafnarfjörður aufgewachsene und von Berlin aus arbeitende Olafur Eliasson ist mit seinen Licht-, Wasser- und anderen Installationen ein durch und durch globalisierter Künstler. Der Maler Per Kirkeby, mehr als 20 Jahre Hochschullehrer in Karlsruhe und Frankfurt, kehrte erst im Alter, hochgeehrt, nach Kopenhagen zurück. Kinostar Mads Mikkelsen schaffte den Durchbruch mit einem dänischen Film von Susanne Bier, wurde danach ein europäischer und auch ein Hollywoodstar. Sein Verführercharme, sein cooler Schurkenblick im 007-Streifen »Casino Royale«, sein Appetit auf immer neue Opfer als

TV-Kannibale Hannibal Lecter: grenzüberschreitend. Wenn wir schon bei der Massenkultur sind: Lars Ulrich hat es jenseits des Atlantiks als erster Däne in die Hall of Fame für Rockmusiker geschafft, als Drummer der Heavy-Metal-Band Metallica.

Dänemarks überragender Kulturschaffender des letzten Jahrhunderts ist im Ausland eher unbekannt geblieben. Im eigenen Land sagen alle nur »PH«, weil klar ist, um wen es geht: Poul Henningsen, gestorben 1967, der Vordenker der »Kulturradikalen«. In der Zwischenkriegszeit und eine Weile auch danach war diese Denk- und Kunstrichtung auf der Überholspur und hat den Ton in Dänemark angegeben. Antiautoritär, libertär, internationalistisch, sozial, abwechselnd ein bisschen kommunistisch oder sozialdemokratisch oder anarchistisch, gaben »Kulturradikale« mächtige Anstöße für das frühe Aufblühen des dänischen Sozialstaates und eine freundlich-liberale Grundströmung in der Gesellschaft. Das Dänemark, das überall auf der Welt so beliebt ist, haben sie geprägt.

Über den Vordenker war im Radio ein origineller Vergleich zu hören: »Niemand hat das Leben und Denken der Dänen im 20. Jahrhundert stärker beeinflusst als PH. Genau wie Bob Dylan in den USA. Aber der erreicht leider nur die eine Hälfte.« Henningsen war eines dieser unfassbar emsigen Allroundgenies, als Architekt, Designer, Buch- und Kabarettautor, Songschreiber, Kritiker und politischer Aktivist. Er schrieb und agierte ab Mitte der Zwanzigerjahre in Kopenhagen gegen Traditionalismus und nationale Kulturgrenzen, glaubte an klassenlosen Fortschritt, warb für freie Sexualität, das Recht auf Schwangerschaftsabbruch und verstand sich als Volkspädagoge. Er dichtete freche Kabarettlieder, darunter schräge Oden an das Bier, und hatte grenzenlosen Spaß am Bauen und Steigenlassen von Drachen.

Henningsen war zu alledem ein genialer Lichtdesigner. Die erste »PH-Lampe«, immer blendfrei mit raffiniert gewinkelten Schirmen, stellte er auf der Pariser Weltausstellung 1925 vor. Sie wurde zu einer Ikone funktionalistischer Designkunst, zu einem guten Geschäft und ist beides im eigenen Land auch heute noch. Eine dänische Mittel- oder Oberklassefamilie, gleich welchen Alters, ohne PH-Lampe irgendwo im Eigenheim ist kaum vorstellbar. Ein Besucher von auswärts konnte sich die Sache nur so erklären, dass wohl alle Paare bei der Hochzeit vom Staat eine PH-Lampe geschenkt bekommen. Billig sind sie ja nicht gerade. Auch Krankenhäuser, die Büros von Steuerberatern, Lehrerzimmer und Betriebskantinen sind ausnahmslos damit bestückt. PH-Leuchten zieren den Vergnügungspark »Tivoli« in Kopenhagen und, ganz klar, das Büro des Ministerpräsidenten. PH muss sein, die Lampen gehören zur dänischen DNA wie die *hygge*, H. C. Andersen und die Fahrräder. Wenn Sie selbst eine für Ihr Wohnzimmer suchen: Im deutschsprachigen Raum findet man PH-Lampen am einfachsten unter dem Namen der Herstellerfirma Louis Poulsen.

Die Leuchten des Meisters stehen im »Kulturkanon« unter »Design und Kunsthandwerk« mit einem hintersinnigen Jurykommentar: »Drolligerweise ist seine Lampe zum Symbol für das Dänischsein und guten Geschmack geworden, was PH sich zweifellos verbeten hätte. Er war kulturradikal und Gesellschaftskritiker, nicht Nationalist.« Das stimmt. Die meisten Ideen des PH und seiner Mitstreiter sind fürchterlich in Verruf geraten bei den nationalistischen Trendsettern unserer Tage. »Kulturradikal« ist ein Pfui-Wort geworden. Pastor Søren Krarup, Chefideologe der Danske Folkeparti, nannte einen der vielen Wahlsiege seiner Populistenpartei den »Aufstand der normalen Bevölkerung gegen die Unterdrückung der herrschenden Klasse von Kulturradikalen«. Dass sie alles

Nationale verachteten und die Tore für Zuwanderer geöffnet hätten, seien ihre Ursünden. Aber PH-Lampen hat vermutlich auch Krarup daheim. In einer Satire über die Populisten lässt der Autor Georg Metz einen innerlich tiefschwarzen Pastor heimlich PH-Lampen sammeln, von denen er besessen ist. Nur darf das auf keinen Fall herauskommen.

Als »heiliger Tempel der Kulturradikalen« wird mitunter auch Louisiana bespöttelt. So ein Blödsinn. Das Museum für moderne Kunst am Øresund ist ein Ort, an dem *finkultur*, die Hochkultur, *det folkelige*, das Volkstümliche, und Ästhetik in schönster Harmonie verschmelzen. Habe ich tatsächlich mal Kinder auf der Henry-Moore-Bronzeskulptur in der Mitte des Parks ungestört herumklettern sehen oder mir das nur eingebildet? Auf jeden Fall verkündete der Museumsgründer Knud W. Jensen gleich zu Beginn, es sei ihm egal, ob die Leute erst Giacometti-Skulpturen anschauen und dann ihre Lunchpakete mit *smørrebrød* und *øl* auf dem Louisiana-Rasen auspacken würden oder umgekehrt.

Der Käsegroßhändler, gestorben im Jahr 2000, hatte von seinem vielen Geld Mitte der Fünfziger eine Patriziervilla mit großem Park und Hanglage am Wasser gekauft. Hier wollte er seine Sammlung moderner Kunst ausstellen. Den Namen Louisiana übernahm Jensen vom Vorbesitzer, der damit an seine drei Ehefrauen, also nacheinander, erinnerte. Alle hießen Louise. Der Nachbesitzer, kräftig inspiriert von den Anfängen der »documenta« in Kassel, ließ beiderseits der Villa zwei Ausstellungsflügel in den Park bauen. Flach, architektonisch ein Mix aus skandinavischem Funktionalismus, japanischem Teehausstil und auch ein bisschen Kalifornien in Weiß. Nichts Spektakuläres. Aber nach den Plänen der Architekten Vilhelm Wohlert und Jørgen Bo immer so genial diskret, dass der Park am Wasser mit seinen großen Buchen das Bild bestimmte. Drinnen verstärkt sich dieses Gefühl noch: Louisiana selbst ist ein Kunstwerk, ohne dass es sich vor die hier ausgestellte Kunst drängt.

Der französische Architekt Jean Nouvel verliebte sich bei einer eigenen Ausstellung so in die Anlage, dass er eine Mole entwarf und in den Øresund bauen ließ: »Von hier aus sieht man die Schönheit. Louisiana ist ein unglaublicher, inspirierender Ort für Architekten. Alles ist stimmig. Die Größenverhältnisse, das Zusammenspiel mit der Natur, das Verständnis für den Charakter der Umgebung.« Das Ganze sei ein Beweis für die »transzendierende Kraft von Architektur«.

Die großen Ausstellungen mit Hockney, Baselitz, Kirkeby, Monet, Gursky, Modersohn-Becker und anderen klingenden Namen befördern das meistbesuchte dänische Museum in eine Liga mit Guggenheim in New York und der Londoner Tate Gallery. Etwas überraschend zum Blockbuster wurde eine Ausstellung zum Werk der Japanerin Yayoi Kusama, weil sich deren kunterbunte Räume mit Spiegelinstallationen als extrem Selfie-geeignet herumsprachen. Louisiana-Direktor Poul Erik Tøjner fragte im Katalogtext zu einer Installation des dänisch-isländisch-deutschen Ólafur Elíasson grübelnd: »Ist das Kunstmuseum ein Betrieb am feineren Ende der allgegenwärtigen Erlebnisindustrie, oder sind wir noch eine kritische Institution?«

»Riverbed« hieß die Ausstellung, für die Hunderte Tonnen Erde und Steingeröll in den Südflügel gekippt wurden. Die Räume waren plötzlich nur noch halb so hoch. Wasser plätscherte in einem künstlichen Flussbett, während man auf nackten, schmutzigen, abschüssigen Erdhängen in Museumssälen herumstapfte. Die Sinne mussten sich neu sortieren und produzierten seltsame Gefühle. Tøjners Antwort auf die selbst gestellte Frage: »Unser Stifter Knud W. Jensen wäre enorm bekümmert gewesen. Aber auch hingerissen von der Idee:

Das Museum in eine Art Atem zu verwandeln, der Seele und Körper einbezieht und nicht zwischen drinnen und draußen unterscheidet. Genau das war seine eigene Idee.«

Die Leute strömen zu Musik, Vortragsreihen, Interviews mit Prominenten und seit ein paar Jahren auch zu einem Literaturfestival, natürlich mit Weltnamen, nach Louisiana. Dass es immer häufiger reichlich voll ist, hat für den Kunstkritiker John Russell von der *New York Times* nichts geändert an der »therapeutischen Wirkung Louisianas, die sich komplett von fast allen anderen Museen unterscheidet«. Er habe über 30 Jahre lang keinen einzigen Besucher erblickt, der gehetzt, genervt, müde oder gnatzig wirkte. Eine Besucherin drückte es knapper aus: »Über Louisiana ist Freundlichkeit.« Den Zitaten ist kopfnickend nur noch hinzuzufügen: Man wird hier ruhiger. Ich empfehle die S-Bahn hinaus nach Humlebæk am frühen Freitagabend. Zwischen 19.30 und 22 Uhr sind am wenigsten Besucher im Museum. An der kleinen Bahnstation weist eine schöne, haushohe Mauersteinskulptur in Dunkelrot von Per Kirkeby den Fußweg zu Louisiana.

Dänen und Deutsche:
eine ungleiche Beziehungskiste

Aus Altona, bis Mitte des 19. Jahrhunderts die zweitgrößte Stadt im Königreich Dänemark, heute ein Bezirk im Westen Hamburgs, holte der Hof 1768 den Pastorensohn und Arzt Johann Friedrich Struensee nach Kopenhagen. Er sollte sich als Leibarzt des noch jungen und psychisch kranken Königs Christian VII. annehmen. Die Historiker meinen überwiegend, er sei wohl schizophren gewesen. Vor 250 Jahren konnte sich noch keiner einen Reim auf das seltsame Gebaren des Königs machen. Aber *Gud og hvermand*, Gott und jedermann, die dänischen Hinz und Kunz sahen mit eigenen Augen, dass dieser Mann im Kopf nicht ganz richtig war. Er randalierte nachts zusammen mit seiner Stammprostituierten Anna Cathrine Benthagen, genannt »Stiefeletten-Cathrine«, in Bordellen und Kneipen, zerdepperte Mobiliar und schlug sich auf der Straße gern auch mit Polizisten.

Struensee gewann schnell das Vertrauen des königlichen Sonderlings. Christians Drang zu öffentlichen Exzessen konnte er mäßigen. Nach und nach übernahm der Deutsche die Regierungsgeschäfte und damit immer mehr Macht. Intensiv entwickelte sich auch das Verhältnis zu des Königs Ehefrau Caroline Mathilde. Ihr Vater, der Prince of Wales, hatte sie im Alter von 15 Jahren in London mit dem zwei Jahre älteren Kopenhagener Cousin in absentia zwangsverheiratet, auf ein Schiff gesetzt und in Altona an dänische Hofbeamte übergeben lassen. So machte man das. Der Ehemann zeigte wenig Interesse und zog weiter »Støvlet-Cathrine« vor. Caroline Mathilde war 19, als sie sich in den fast doppelt so alten Struensee verliebte. Ausgedehnte Ausritte zu zweit, eine enge Wendeltreppe zum Gemach der Königin mit Hintereingang, Getuschel auf Schloss Christiansborg und dann sogar eine Tochter aus der Affäre. Dem König war auch das egal. Den Hochadel und die Offiziere störte vor allem Struensees politisches Wirken. Der Mann der Aufklärung brachte sie als Ersatzregent mit Vollmacht des nominellen Königs im Eiltempo um Macht und Pfründe.

Profitieren sollte das Volk, das mit seinem Förderer allerdings auch nicht warm wurde. Der kaum verhüllte royale Ehebruch war die eine Sache. »Struensees fehlende Dänischkenntnisse heizten die ohnehin zunehmende Abneigung gegen die von Deutschen dominierte Kopenhagener Elite weiter an«, schreibt der Ideenhistoriker Rune Engelbreth Larsen. Deutsch war wegen der enormen Zahl und einflussreichen Rolle deutscher Zuwanderer seit Mitte des 18. Jahrhunderts Amtssprache im Land. Dieser Deutsche zeigte seine Verachtung des Dänischen auch noch unverhohlen. Ein gefundenes Fressen für die Kopenhagener Presse, die ihre gänzlich frische Freiheit einem Dekret Struensees zu verdanken hatte.

Heute wird er in den dänischen Geschichtsbüchern als mutiger Aufklärer und Modernisierer gefeiert, aber zwei Jahrzehnte vor der Französischen Revolution stand er ziemlich allein auf weiter Flur gegen die alten Mächte. Sie wurden ihn relativ unproblematisch wieder los. Am 28. April 1772 schauten 30 000 Kopenhagener zu, als dem »Dänenfeind« erst die rechte Hand und dann der Kopf abgeschlagen wurden.

Diese Geschichte ist ein Füllhorn für Romanciers und Regisseure. Zuletzt spielte Mads Mikkelsen, Dänemarks erfolgreichster, vor allem von Kinobesucherinnen in aller Welt so gern gesehener Filmstar, in »Die Königin und der Leibarzt« den Deutschen. Ein mittelmäßiger Streifen, den man schnell vergisst. Aber beim Gang zur Enthauptung weint Mikkelsen sehr schön. Gnädige Drehbuchautoren haben ihm den Verlust der Hand vor dem des Kopfes erspart. Auch die historisch verbürgte Zerstückelung mit anschließender Zurschaustellung der Leichenteile auf Pfählen wollte man den Zuschauern im Kino nicht zumuten. Unbedingt zu empfehlen ist »Der Besuch des Leibarztes«, ein mitreißender Roman des Schweden Per Olov Enquist von hoher literarischer Qualität.

Der Fall Struensee ist der Urquell für das, was fortan als *tyskerhad*, Deutschenhass, den dänischen Alltag kräftig prägte. Deutsche Handwerker, Ärzte, Beamte, Künstler und auch die reihenweise für vorteilhafte Eheschließungen importierten Adelstöchter waren ungefähr so populär wie heute Zuwanderer, die sich laut zu Allah bekennen.

In noch ganz anderen Dimensionen explodierte der *tyskerhad*, als das Königreich 1864 den Krieg gegen Preußen und Österreich verloren hatte. Schleswig, Holstein und Lauenburg, ein Drittel des Territoriums, gingen an die Sieger. Dänemark schrumpfte von einer europäischen Großmacht endgültig zum Kleinstaat, nachdem es vorher mit dem Verlust der schwedischen Besitzungen 1658 und von Norwegen 1814 schon kräftig bergab gegangen war.

»Keine Nacht hat eine größere Rolle in Dänemarks Geschichte gespielt als die vom 5. auf den 6. Februar 1864«, sagt Exkulturminister Bertel Haarder über die preußische Erstürmung der Düppeler Schanzen auf der Insel Als. Der Satz hat es in sich. Wie die meisten Deutschen bin ich mit der Überzeugung nach Dänemark gekommen, dass der Überfall von Hitlers Wehrmacht am 9. April 1940 wohl Dreh- und Angelpunkt aller Abneigung gegen den Nachbarn sein müsse. Erst nach und nach dämmerte mir, dass die Katastrophe von 1864 im dänischen Selbstverständnis offenbar schon früher ein unverwüstliches Fundament dafür gelegt hatte.

Bischof Ditlev Gothard Monrad war damals der Regierungschef und so entsetzt über die Niederlage, dass er ans andere Ende der Welt nach Neuseeland floh. Bei seiner Rückkehr vier Jahre später hatten die Politiker des aufstrebenden Bürgertums in Kopenhagen ihrem Land schon ein Programm zur Wiedergenesung serviert: Verzicht auf alle militärischen Revanchegelüste wegen Aussichtslosigkeit. Stattdessen Sammlung aller Kräfte für den intelligenten Aufbau eines nun viel kleineren, aber modernen, wenig durch Klassenschranken gehemmten Gemeinwesens. Auch nicht schlecht klang das Motto dafür: »Nach innen gewinnen, was nach außen verloren wurde.« Bei der kollektiven Verdauung von 1864 sollte neben der nationalromantischen Verklärung des eigenen Landes helfen, was der Historiker Uffe Østergaard kurz und knapp so beschreibt: »Die Dänen definierten sich fortan als Nichtdeutsche.« Der *tyskerhad* wurde zur Staatsräson.

Das hielt. *De fem mørke år*, fünf finstere Jahre, von 1940 bis zur Befreiung am 4. Mai 1945, brachten reichlich neue Nahrung für die lange vorher verbreitete Grundannahme, dass alles Böse von südlich der Grenze komme. Hier sollen ein paar Beispiele mit typischen Ressentiments aus den Nachkriegsjahren genügen, auch weil der Wind sich gedreht und die Abgrenzung von allem Islamischen die vom Deutschen als Staatsräson abgelöst hat.

Jeder Deutsche in Dänemark kennt den verächtlichen Ausdruck *pølsetyskere*, die »Würstchendeutschen«, die als Touristen an der Nordsee nur wegen ihrer Zahlungskraft willkommen sind. »Ordnung muss sein«, habe ich auf Deutsch von Dänen auch immer wieder gehört, wenn ich mal pünktlich kam. Was harmlos ist gegen das auch gern mal auf Deutsch hingeworfene »Arbeit macht frei«. Der Schriftsteller Knud Romer beschreibt in dem Roman »Wer blinzelt, hat Angst vor dem Tod« seine Kindheit mit deutscher Mutter in den Siebzigerjahren als endloses Mobbing: »Ich war das deutsche Schwein, und meine Mutter war ein Hitlerliebchen.« Viele seiner Landsleute und Zeitgenossen meinen, so arg sei es bestimmt nicht gewesen.

Bestätigung kam von anderer Seite. Über Rudi Dutschkes erstes Weihnachtsfest im dänischen Exil, zum Gesundwerden nach dem Attentat in Westberlin 1968, schrieb seine Frau Gretchen: »Er bekam *skide tysker*, ›Scheiß Deutscher‹, an den Kopf geworfen. Ein paarmal auch den Hitlergruß.« Die Dutschkes blieben, bis Rudi 1979 starb. Aus dem ältesten Sohn ist ein dänischer Spitzenbeamter geworden. Hosea Dutschke leitet heute die Sozialbehörde in Aarhus.

Hier kann er seit einem Jahrzehnt in der urbayerischen »Kleinen Bierstube« Hefeweizen von einer Kellnerin im Dirndl serviert bekommen, wenn er möchte, und Bundesligaspiele anschauen. Die Kneipe wird dabei nicht gefüllt von Heimweh geplagten Touristen, sondern von Dänen, die deutsche Bierkultur und den Fußball »cool« finden. In Kopenhagen pilgere ich mitunter für ein Spiel meines grünweißen Stammvereins aus Norddeutschland zur »Berlin Bar«, könnte nach einem Sieg weiterziehen ins »Gefährlich«, in »Heidi's Bier Bar« und am Ende in die »Märkbar«. Auch wenn das nur Oberfläche ist: Nach 150 Jahren hat eine kleine bis mittlere Kulturrevolution den *tyskerhad* ins Wanken gebracht.

Im Alltag erfragen dänische Bekannte plötzlich Ferientipps für Baden-Württemberg, Bayern, Sachsen und Mecklenburg-

Vorpommern. Kommen sie zurück, schwärmen sie von der Vielfalt, freundlich entspannten Gastgebern, dem fantastisch organisierten deutschen Alltag und nebenbei auch günstigen Restaurantbesuchen. Man staunt, weil dieselben Dänen vor gar nicht allzu langer Zeit Deutschland als lästige Transitetappe Richtung Süden möglichst schnell hinter sich lassen wollten. Die allseits grenzenlose Begeisterung für Berlin als Reiseziel und Anlageobjekt dänischer Zweitwohnungskäufer kannte man dagegen schon länger. Sie war nur der Aufgalopp.

Beeindruckt hat mich, als ein Freund mir den Arm um die Schulter legte und überraschend meinte: »Wer hätte gedacht, dass ihr Deutschen mal die Friedensengel sein würdet und wir Dänen die Kriegslüsternen.« Kopenhagen hatte gerade an der Seite der Bush-Regierung und in vorderster Front Soldaten in den zweiten Irakkrieg geschickt, dem sich Berlin mit Kanzler Gerhard Schröder an der Spitze verweigerte.

Am Fußball als Barometer für Klimaveränderungen führt hier kein Weg vorbei. Für die Desinteressierten und deshalb Unwissenden: Das kleine Dänemark schlug 1992 beim EM-Finale in Göteborg die deutschen Favoriten sensationell mit 2:0. Für die Sieger war das viel mehr als nur ein Fußballwunder. Einhundertfünfzigtausend sangen vor dem Kopenhagener Rathaus nicht ohne Häme »Deutschland, Deutschland, alles ist vorbei« in der Sprache des Verlierers. Der Historiker Karl Christian Lammers erinnert sich daran mit einer weitreichenden Parallele: »Es war, als würde man die Revanche für 1864 miterleben. Dänemark war seinen Minderwertigkeitskomplex dem mächtigen Deutschland gegenüber losgeworden.« Was 90 Minuten Fußball nicht alles in Bewegung setzen können. Für alle anderen in Europa hatten die Dänen einfach als entspannt kecker David den arroganten Goliath besiegt und damit alle Sympathien auf ihrer Seite.

Bei der WM 2006 ging der Sympathiebonus ohne Titelgewinn an die deutschen Gastgeber, weil sie sich so freundlich, locker, optimistisch und weltoffen präsentierten. Auch in Dänemark fiel dieser Kontrast zu den gewohnten »Preußen«-Klischees eindeutig angenehm auf. Nur dass die eigene Elf leider nicht qualifiziert und das Land mit ganz anderen Sorgen beschäftigt war. Ein paar Monate vorher hatten die Proteste in der islamischen Welt gegen die Mohammed-Karikaturen von *Jyllands-Posten* mit Botschaftsstürmungen, brennenden Dannebrogs und am Ende fast 200 Toten Dänemark erschüttert wie kein anderes Ereignis der Nachkriegszeit. Das nette kleine Land fand sich in der ungewohnten Schurkenrolle wieder, auch durch negative Schlagzeilen in westlichen Ländern, während Deutsche im selben Sommer den entgegengesetzten Rollenwandel erlebten.

Der Skandinavist Bernd Henningsen hat recht, wenn er in seinem Buch »Dänemark: Die Deutschen und ihre Nachbarn« schreibt: »Deutschland ist nicht mehr das, was es vorher gewesen ist, aber Dänemark auch nicht. Die deutsch-dänische Begegnungsgeschichte muss neu geschrieben werden.« Für ihn ist der Mauerfall 1989 die große Zäsur: Erst ließ die plötzliche Aussicht auf einen wiedervereinten, noch größeren Nachbarn die alten dänischen Ängste und Ressentiments mit der Erinnerung an 1864 und 1940 kräftig aufblühen. Kopenhagener Medien und Politiker bis hin zum Regierungschef warnten vor einem neuen »Stortyskland«, »Großdeutschland«, »Det 4. Rige«, dem »Vierten Reich«, als Folge der Vereinigung.

Dann kam es ziemlich schnell ganz anders. Die Deutschen blieben auf dem Teppich. Sie wollten partout keine Großmacht werden und überraschten nach der Vereinigung mit dem Eindruck von zunehmend mehr Liberalität, Weltoffenheit und sogar Gelassenheit. Wer hätte das gedacht vom Nachbarn mit dem Mantra »Ordnung muss sein«? Angela Merkel verkörpert diese Veränderungen als Kanzlerin seit mehr als einem Jahrzehnt für das dänische Publikum so überzeugend, dass Medien viel zu selten der Versuchung widerstehen, sie als »Mutti« oder besser noch »Übermutti« aller Deutschen zu titulieren. Mitunter war es giftig gemeint bei Kommentaren zu Merkels Flüchtlingspolitik mit dem zeitweiligen Motto »Wir schaffen das!« als Kontrast zur »realistischen« harten Linie im eigenen Land. Manchmal drängt sich in Anlehnung an die alten, gängigen Vorstellungen voneinander der Gedanke auf: Die Deutschen sind ein bisschen dänischer geworden. Und die Dänen viel »preußischer«.

Sicher ist, dass der *tyskerhad* als ungeschriebenes Grundgesetz im Königreich ausgedient hat. »Geschätzt, aber nicht geliebt« trifft als aktuelle Analyse zu. Der Historiker Lammers hat sie im Berliner Außenministerium aus dem Lagebericht eines Kopenhagener Botschafters gefischt. Ich hörte einen Vertreter des Tourismusverbandes auf einem Podium sagen: »Das Beste an den Deutschen: Sie lieben uns Dänen.« Die zweite Behauptung stimmt ja nach wie vor. So ist diese Beziehungskiste zwischen den beiden Nachbarn weiterhin ein bisschen ungleich und wird es wegen des Größenunterschiedes auch immer bleiben.

Ob der eine Fußballerfolg die Dänen wirklich selbstbewusster gemacht hat, wage ich nicht zu entscheiden. Das Selbstwertgefühl hängt bekanntermaßen nicht nur von der Größe ab. Eine dänische Kollegin wollte mich mal mit dem für sie schönsten aller denkbaren Komplimente beglücken: »Du bist doch schon fast wie wir.« Kurze Denkpause, dann: »Eigentlich schade, dass aus dir nie ein richtiger Däne werden kann.«

Arme Schweine

Schweine haben in Dänemark so klar die Mehrheit wie nirgendwo sonst auf der Welt. Auf jeden der 5,7 Millionen Bürger kommen locker drei Borstentiere. »Das Schwein ist nach wie vor unser nationales Totemtier. Trotzdem sind wohl die wenigsten in letzter Zeit einem begegnet«, wunderte sich die Hauptstadtzeitung *Politiken* bei einem Streit um Landwirtschaft kontra Umweltschutz. Der Grund ist klar. Bis auf eine verschwindend kleine Minderheit von Biotieren sind alle 20 Millionen *grise* oder *svin* lebenslang in Industrieställen weggesperrt.

Zum hoch verehrten »Totem« wurde das Schwein in den altnordischen Sagen erhoben: Den gefallenen Kriegern in Walhalla spendet der mit Zauberkraft gesegnete Eber Særimner unbegrenzte Mengen Fleisch. Jeden Tag kann er aufs Neue geschlachtet und im Bottich gekocht werden, weil sein Schweinekörper nach dem Zerschneiden in dicke Happen sofort wieder neu zusammenwächst.

Außerdem wird die Fruchtbarkeitsgöttin Freya als *Syr*, als »Große Sau«, angebetet. Der Name ist Ausdruck von Verehrung und Respekt in der Hoffnung auf ähnlich große eigene Fruchtbarkeit.

Heute glauben Dänen eher an die Übertragung von Krankheiten durch die Tiere. Wer von einem Bauernhof ins Krankenhaus kommt, wird vorsichtshalber nach Kontakt mit Schweinen gefragt. Er oder sie ist potenzieller Träger des auch unter Menschen ansteckenden, multiresistenten und mitunter lebensgefährlichen Bakterienstammes MRSA. Drei Viertel der mit Antibiotika vollgepumpten Ferkel in dänischen Ställen sind infiziert. Das Abschneiden der Ringelschwänze und Kastration ohne Betäubung stehen auf der Elendsliste zu dieser Form von Massentierhaltung. Ein Fünftel der überzüchteten Muttertiere wird außerhalb der normalen Schlachtung »destruiert«, also getötet und dann als Abfall entsorgt, ebenso jeden Tag 25 000 überzählige Ferkel.

All das fällt in dänischen Ställen extremer aus als anderswo, weil die Landwirtschaft konsequenter industrialisiert worden ist. Je größer der Stall mit möglichst vielen Schweinen, umso rentabler die Produktion. Das kleine Land mit begrenztem Platz hat das zu einem der größten Schweineproduzenten der Welt gemacht. Jährlich 28 Millionen Tonnen Gülle mit Stickstoff, Phosphor und Kalium sind Dänemarks größtes hausgemachtes Umweltproblem.

Das ist ein himmelschreiender Kontrast zum grünen dänischen Vorreiterimage in Sachen Windenergie. Er riecht auch. Wer in ländlicher Umgebung ein Haus kaufen will, eruiert vorher besser, wie weit der Abstand zur nächsten Schweinefarm ist. Wer verkaufen will, sichert sich ab, dass bei Besichtigungen der Wind in die richtige Richtung bläst.

Wenn es denn wenigstens wirtschaftlich funktionieren würde. Aber die Preise liegen seit Jahren im Keller. Dänemarks Landwirte haben sich außerdem beim Investieren in immer größere Einheiten mit immer mehr teurer Technik verzockt und sind bis über die Halskrause verschuldet. Schlachtereien werden wegen der Dumpinglöhne deutscher und anderer Konkurrenten reihenweise dichtgemacht. Immer mehr dänische Schweine landen am Ende in ausländischen Schlachtereien.

Auch wenn die Landwirtschaft an Krücken geht, ist sie in Kopenhagen weiter eine politische Macht, mit der sich Parteien fast so ungern anlegen wie die deutschen mit der Autolobby. Kurz nachdem VW mit getürkten Abgasmessungen erwischt wurde und in den »Dieselgate«-Skandal schlitterte, brach bei den Dänen einer namens »Gyllegate«, »Güllegate«, aus: Die Regierung hatte geschönte Zahlen des Bauernverbandes über Stickstoffemissionen diskret übernommen und als eigene veröffentlicht, um Lockerungen beim Umweltschutz durchzusetzen.

Schließlich gehe es hier um ein Viertel der dänischen Exporte, sagte der Bauernverband. Umweltschützer halten das für Imponiergehabe eines chronisch schrumpfenden Exriesen. Die »Faktenchecker« beim Fernsehen kamen als Schiedsrichter auf acht Prozent. Wie auch immer: Der Schlachtereikonzern Danish Crown und der Milchkonzern Arla sind Branchenführer in Europa und gehören zu den großen Zehn der heimischen Wirtschaft.

Beide starteten als ländliche Genossenschaften. In der zweiten Hälfte des 19. Jahrhunderts schlossen sich in Jütland aufmüpfige Bauern gegen die alten Gutsherren zusammen. Sie wollten Gleichberechtigung und Erneuerung. Die unfruchtbaren Heidelandschaften, fast die Hälfte von Jütlands Fläche, wurden so gut wie komplett in Acker umgewandelt, Fjorde trockengelegt. Das hat sich im kollektiven dänischen Gedächtnis als eine Zauberformel für das Aufblühen der eigenen Gesellschaft in den letzten 150 Jahren festgesetzt. »Wir sind ein Bauernland« gilt in den Köpfen immer noch, auch wenn die Realität ganz woanders angekommen ist. Die alte Bauernpartei Venstre demonstriert bis heute bei passender Gelegenheit immer mal wieder, dass sie sich als Agrarlobby versteht. Wie beim »Gyllegate«.

Ende des 19. Jahrhunderts konnte die neu aufblühende Landwirtschaft auch jenseits der Landesgrenzen hungrige Mägen füllen. »Die klassischen Bestandteile des English Breakfast kommen aus Dänemark: Schinken, Butter und Eier«, notierte staunend ein französischer Reisender. Bis Lego 1938 in einer Tischlerwerkstatt im Dörfchen Billund erfunden wurde, war der durchschlagendste Exporterfolg der dänischen Geschichte *skinke, bacon*, für Briten.

Aus dem Ersten Weltkrieg hielt sich Kopenhagen heraus, blieb neutral und verkaufte beiden Seiten Fleisch. Die Lieferungen waren oft von höchst zweifelhafter Qualität wegen der grenzenlosen Nachfrage für die Millionenheere. Es sind unappetitliche Geschichten mit schnell reich gewordenen »Gulaschbaronen« in der Schurkenrolle überliefert. Dänemarks Fleischexport stieg bis 1918 um das Fünfzigfache.

Danach wurden wieder vorzugsweise Briten für ihr reichhaltiges Frühstück beliefert. Bertolt Brecht soll gesagt haben: »Die Dänen interessieren sich erst für Weltpolitik, wenn der Preis für Schweinefleisch sinkt.« Zu Beginn des Zweiten Weltkrieges stieg er wieder, aber nur bis zum 9. April 1940. Dazu vermerkt eine mehrbändige »Geschichte der dänischen Landwirtschaft«: »Genau in dem Augenblick, als man die Briten zum Zahlen höherer Preise gebracht hatte, besetzten die Deutschen Dänemark. Damit war der dänische Agrarexport praktisch nur noch nach Süden gerichtet.«

Das ist eine feinsinnige Formulierung. Die deutsche Wehrmacht war vor allem an Butter interessiert. Die Regierung in Kopenhagen garantierte die Lieferungen als Grundpfeiler ihrer *samarbejdspolitik*, der Zusammenarbeitspolitik. Sie warnte alle Dänen eindringlich vor Widerstand und konnte mit Hitlers Segen zum beiderseitigen Vorteil bis 1943 im Amt bleiben. Als sich die deutsche Niederlage nach Stalingrad abzeichnete, ließ ein Generalstreik diese Kooperation zusammenbrechen.

Auch während des Krieges und danach wurde weiter trockengelegt, eingedämmt und urbar gemacht, was das Zeug hielt. Operation gelungen, Patient tot, rief dann vor einem halben Jahrhundert unüberhörbar die wachsende Umweltbewegung. Mit 66 Prozent Nutzfläche (Deutschland: 47,4 Prozent) ist Dänemark das Land mit der intensivsten Landwirtschaft in Europa. Wie man das aus heutiger Sicht beurteilt? Der Kunsthistoriker Hans Edvard Nørregård-Nielsen, ein freundlicher Däne voller Liebe zur heimatlichen Kultur, ist über jeden Verdacht auf Spinnertum oder Ökofundamentalismus erhaben. Er war 25 Jahre Dänemarks einflussreichster Kultur- und Wissenschaftsmäzen als Direktor des »Ny Carlsbergfond« und schrieb über die Verwandlung seines Landes: »Man könnte natürlich eine Reihe der Hauptverantwortlichen für diese Entwicklung wieder ausgraben und an einem Galgen als Schuldige für den schlimmstmöglichen Übergriff gegen die eigene Nation aufknüpfen.«

Hinterher sind alle klüger. Nie würde man das selbst so hart formulieren, denn auch anderswo hat sich die Einsicht über vielleicht irreparable Frevel an der Natur viel zu spät durchgesetzt. »Das Umdenken hat in den letzten 30 Jahren viel Positives bewirkt«, schreibt Rune Engelbreth Larsen in seinem Buch mit dem vielversprechenden Titel »Den danske Naturs genkomst« (»Die Rückkehr der dänischen Natur«). Er erzählt von wieder neu geschaffenen Seen, natürlichen Flussläufen und Feuchtgebieten. Der Gesamtzustand der Natur sei nach wie vor verheerend und die Verbesserungen nur punktuell, aber immerhin: »Spektakulär sind Tiere zurückgekehrt, die lange verschwunden waren. Der Seeadler hat mit den wiedergeschaffenen Seen fantastische neue ›Parkplätze‹ bekommen. Er ist einfach wieder da.«

Durch Jütland streifen Wölfe, wilde Pferde grasen auf Langeland und Bisons auf Bornholm. Aus Schweden importierte Elche sollen zusammen mit Königsadlern, Seeadlern, Kranichen, Wildschweinen, Rotwild und vielen kleineren Tierarten helfen, das 76 Quadratkilometer große *Lille Vildmose* in Ostjütland wieder in ein sich selbst ökologisch ausbalancierendes Hochmoor zurückzuverwandeln. Für Besucher ist die Rückkehr der Natur zu Fuß, auf Radwegen, mit geführten Bustouren, im Kanu und auch auf Aussichtsplattformen hautnah zu studieren und zu erleben. Von Aalborg, dem Zentrum Nordjütlands und Dänemarks drittgrößter Stadt, sind es 40 Kilometer Richtung Ostküste.

Dass ganz nebenbei auch Wildschweine als natürliche Mitbewohner angeführt werden, hat für Dänemark einen revolutionären Klang. Was haben Bauernverbände mit Regierungshilfe nicht alles angestellt, damit diese Borstentiere 200 Jahre nach der Ausrottung nur ja nicht wieder sesshaft werden. Sie könnten nach dem Überqueren der deutsch-dänischen Grenze die Schweinepest einschleppen, hieß es. Heimische Jäger und sogar die in Schleswig-Holstein bekamen Abschussprämien für die möglichst vollständige »Regulierung«. Es hat nichts genützt, auch das Wildschwein ist wieder da. Durch leckere Maisfelder hat es sich bis in den Nordwesten Jütlands hochgefuttert.

Wenn wir schon beim Futtern sind: Ungebrochen positiv scheint das Verhältnis von Dänen zum Schwein als Nahrungsmittel. Als *leverpostej*, Leberpastete, mit Gurkenscheibchen auf der Schulstulle, über den *hot dog* mit gerösteten oder rohen Zwiebeln bis zur spottbilligen *medisterpølse*, Schweinebratwurst (dazu ein legendärer Gesundheitsguru: »Man mag sie nicht mal einem Hund zum Einschläfern zumuten«). Es gibt den klassischen Sonntagsbraten zu Hause und das sündhaft teure Hauptgericht im weltberühmten Restaurant »Noma« mit Fleisch der alten *Sortbroget Dansk Landrace*, der »schwarz gefleckten Landrasse«.

Verrucht exotischen Reiz hat für mich *flæskesvær*, die frittierte Schweineschwarte. Einmal im Jahr kann man sich das erlauben, auffindbar in jedem Supermarkt neben den Kartoffelchips. Als der Lebensmittelminister Dan Jørgensen 2014 zur Abstimmung über das »Nationalgericht der Dänen« rief, gewann zu aller Überraschung der gute alte Schweinebraten mit Schwarte, *flæskesteg*, dazu Kartoffeln und Petersiliensoße. »Spis dansk!«, »Esst dänisch«!, hatte der Sozialdemokrat seine Landsleute aufgefordert. Heimische Lebensmittel seien gesünder als die fremden.

Dafür kann man auch schon mal in einen *frikadellekrig* ziehen. Die dänische Frikadelle besteht in der Regel aus Schweine- und Kalbsfleisch, verrührt mit Mehl, Milch, gehackten Zwiebeln, Eiern und Gewürzen. Nichts für Gesundheitsapostel und nichts für Muslime. Als ein Kindergarten in Randers sie vom Speiseplan strich, verordnete der Stadtrat auf Initiative der Populisten eine »Schweinefleischpflicht« für alle kommunalen Einrichtungen. Es sei »inakzeptabel, dänische Esskultur zu verbieten«. Medien berichteten groß von dieser Frikadellenfront, sogar voller Staunen die *New York Times*.

Solche populistischen Vorstöße gegen muslimische Zuwanderer werden von Andersdenkenden als Appell an den *indre svinehund*, den inneren Schweinehund, angeprangert. Da möchte man das »Dänische Protestschwein« zu Hilfe rufen, meine Lieblingsrasse. Bauern in Südjütland ließen die rot-weiß gefärbten Viecher im 19. Jahrhundert aus Renitenz gegen ihre preußischen Besatzer frei im Dorf herumlaufen.

Die Schweine waren dafür bestens gerüstet, wie diese Artbeschreibung klarmacht: »Die Protestschweine sind, wie viele alte Landschweinrassen, zu einem hohen Prozentsatz ›vital‹, also unabhängig von menschlicher Fürsorge. Sie zeichnen sich durch Robustheit und Genügsamkeit aus. Sie sind winterhart, sodass man sie bedenkenlos ganzjährig im Freiland halten kann. Die guten Muttereigenschaften runden dieses herrliche Schwein ab.«

Dass wieder bessere Zeiten näherrücken für Arten wie diese fast ausgestorbene, kann Poul Pedersen in seinem kleinen Büro im nordwestlichen Jütland überzeugend erklären. Er ist Chef von Dänemarks größter und erfolgreichster Biomolkerei Thise, flucht viel aus Spaß am Fluchen und sagt die Zukunft der heimischen Landwirtschaft mit seinem Bariton sicher vorher: »Es geht langsam, aber unausweichlich zu mehr Nachhaltigkeit. Wir haben zu viel an möglichst viele, möglichst billige Kilo und zu wenig an Werte gedacht. Nur kann man einen großen Tanker nicht in einem Ruck wenden. Wir müssen uns beeilen, aber langsam.«

Der Name Thise ist für die Kopenhagener Biokundschaft zum Symbol für »das Gute« im Kühlschrank geworden und wächst im Rekordtempo. Wenn Pedersens Milchlieferanten und die anderen Ökobauern in ganz Dänemark ihre Kühe nach dem Winter vom Stall auf die Weide treiben, pilgern 250 000 Zuschauer am *Økodag* aufs Land. Das sind fast fünf Prozent der Bevölkerung. Die Kühe drehen nach der Entlassung aus dem Stall, Punkt zwölf an einem Sonntag Mitte April, immer erst mal durch vor Begeisterung über frische Luft und Bewegungsfreiheit. Sie tanzen und toben ekstatisch. In Pedersens Zentrale im Dörfchen Thise stapeln sich die Aufnahmeanträge für die Ökogenossenschaft, weil es mit der »konventionellen« Milchwirtschaft so steil bergab und mit der nachhaltigen in die entgegengesetzte Richtung geht.

Die Freude des Direktors darüber steckt genauso an wie die am Fluchen: In Kopenhagen gebe es schon eine Menge mehr *røvhuller*, Arschlöcher, als daheim in Thise, aber er könne *for fanden*, verflucht noch mal, die Stadt gut leiden. Nicht nur, weil die kaufkräftigen Kopenhagener Thise-Produkte *sgu*, weiß Gott, ins Herz geschlossen hätten. Er habe da ja auch als königlicher Leibgardist, *satme*, zum Teufel, Wache vor Schloss Amalienborg geschoben. Ohne Fluch begründet er seinen Optimismus für die ökologische Umstellung des eigenen Landes: »Wir haben ein enormes Grundkapital, und zwar reichlich, in vielen Unternehmen und zwischen den Menschen. Das ist das Grundvertrauen.«

Magisches Bornholm

Meinen letzten magischen und dazu erheiternden Bornholmmoment hatte ich als einer von 40 000 beim »Folkemødet«, dem »Volkstreffen« im sonnigen Allinge. Vier Tage lang versammelte sich die dänische Politik- und Medienprominenz zu einem Diskussionsmarathon in ständig wechselnder Besetzung vor Publikum. Irgendwann übertönte der Folk-Evergreen »Streets of London« aus Lautsprechern das Gewusel. Wer wagt sich denn noch an diesen ausgelutschten Ohrwurm, zu viele Jahre ein Muss für Straßensänger?, dachte ich und steuerte die Quelle an. Auf einer Freilichtbühne stand dann doch tatsächlich Exministerpräsident Poul Nyrup Rasmussen mit Mikro in der Hand und schmetterte das Lied über den alten Mann in ausgetretenen Schuhen. Begleitet von seinem Freund Benny am Klavier, sang er danach Louis Armstrongs »What A Wonderful World«. Rasmussen selbst war ergriffener als sein Publikum, pries wie ein Wanderprediger die Schönheit des Lebens und bat alle, ihm und Benny noch fünf Minuten für ein frisch in Französisch eingeübtes Chanson zu schenken. Er bekam sie.

Milde lächelnd, nickten die Leute ihrem Ex-*statsminister* in der Abendsonne zu und hoben zum Gruß das *øl*. Der Sozialdemokrat Rasmussen war Regierungschef von 1993 bis 2001, gefolgt von zwei Liberalen, die beide auch Rasmussen hießen. Im Hintergrund glitzerte die Ostsee vor der Felsküste, am blauen Himmel flatterten die Dannebrogs. Gelb oder rot gestrichene Fachwerkhäuschen lieferten das i-Tüpfelchen zu dieser Idylle, die man einem Filmregisseur als Kitsch um die Ohren hauen würde: Warum so dick auftragen?

Bornholm verführt dazu. Wer eine Runde um die Insel dreht, 105 Kilometer, glaubt beim Blick Richtung Meer ein paar Meter über dem Wasser zu schweben. Der 1,7 Milliarden Jahre alte Felsgrund aus Granit und Gneis hat eine gigantische Aussichtsplattform geschaffen. Nur der Südteil ist flach, denn mitten auf der Insel stoßen nordischer Granit und zentraleuropäischer Sandstein aufeinander. Letzterer ist 600 Millionen Jahre alt. Dass Bornholm geologisch eine unendlich längere und spannungsreichere Geschichte hat als der von der Eiszeit vor gerade erst 10 000 bis 20 000 Jahren glatt gestrichene Rest Dänemarks, gehört zur Anziehungskraft der Insel wie die hohe Zahl an Sonnentagen.

Der Hamburger Schriftsteller Hans Henny Jahnn, hier 1931 bis 1950 Besitzer eines einsamen Gehöfts, hat seine Eindrücke mit der Wucht des Expressionisten zu Papier gebracht: »Das Meer prägt die Insel. Es ist die zweite Landschaft. Es liegt tief unter den Hügeln. Alle Straßen, die zur Küste führen, münden in den unbeschreiblichen Anblick, dass eine blaue, graue, spiegelnde oder stumpfe, verhangene oder windgepeitschte Wasserfläche wie in einem ungeheuren Tal sich unter einem ausbreitet. (…) Ich fuhr ein wenig später über die unvergleichlichen Hügel, die zuweilen so karg sind, dass nur noch Heidekraut, wilde Beeren, Dornbüsche, geduckte Eichen, zerwehte Kiefern und gedrechselte Machangelbäume sich in den Mulden und Spalten der rund geschliffenen Klippen ansiedeln. Ich liebe solche Einöde, über die kein Pflug gehen kann, fast zu sehr. Ich kann mich nicht sattsehen. In der Ferne, tief unten, lag das Meer, bleich, grau, ausdruckslos, nur ein unbestimmtes nebliges Schimmern, weniger, ein Dunst. Es hatte nur seinen Geruch, der sich unbegreiflich mit dem von Moor und nassem sterbenden Laub mischte. Kein Tier am Boden zeigte sich mir; nur am Himmel schwamm die schöne gebrochene Linie verspätet ziehender Wildgänse, die beinahe flüsternde, verhaltene Schreie ausstießen.«

»Die Insel war magisch«, schrieb kurz und bündig der Autor Per Nyholm über seine Zeit als Soldat. 150 Kilometer trennen Bornholm vom restlichen Land. Eigentlich ein Wunder, dass das hier mitten in der Ostsee zu Dänemark gehört. Zum schwedischen Festland sind es nur 37 Kilometer. Näher liegen auch Deutschland und die polnische Küste. Das Wort »magisch« fällt oft, wenn Dänen über eine unvergessliche Ankunft im Hafen von Rønne nach einer Nacht auf der Fähre erzählen: Die erste Klassenfahrt, die erste richtig große Unternehmung ohne Eltern, brachte Schüler traditionell auf das ferne Bornholm. So ist es immer noch, nur dass die Fahrzeit sich durch die Øresund-Brücke von Kopenhagen nach Malmö halbiert hat; und vom schwedischen Hafen Ystad ist es nur noch ein Katzensprung.

In Ystad ließ der Schwede Henning Mankell den Thrillerkommissar Kurt Wallander ermitteln. Der Däne Jussi Adler-Olsen lässt in »Verheißung« auf Bornholm eine junge Frau vor der Rundkirche Østerlars kopfunter in einem Baum hängend sterben. Kommissar Carl Mørck denkt mit der Arroganz des Hauptstädters über Inseleigenarten: »Die Stimme sprach mit dem singenden Akzent der Bornholmer. Nicht gerade ein dänischer Dialekt, von dem Carl weiche Knie bekam.« *Born-*

holmsk tendiert kräftig zum Schwedisch der nächsten Nachbarn in Schonen (Skåne). Aber sonst findet auch Mørck die Insel »an sich märchenhaft«. Leider hat er dafür keine Zeit, wenn er ermittelt, »in direkter Nähe zum spektakulären Echotal, der vermutlich größten Sehenswürdigkeit Bornholms«.

Der Kommissar vermutet richtig. Märchenhaft ist die Talwanderung zwischen mittelalterlich anmutendem Waldbewuchs, mitunter fast dschungelartig, vorbei an Felsblöcken mit bizarren Namen wie »Vandpræst«, »Wasserpastor«, und dem darunter plätschernden Bach mit den passenden »Præstens tårer«, »Tränen vom Pastor«. Ekkodalen, das Echotal, ist mit 12 Kilometer Länge und durchschnittlich 60 Meter Breite das größte von Bornholms 70 »Spalttälern«. Zwischen je zwei steilen Felswänden sind sie entstanden nach dem Bersten des Grundfelsens und endgültig geformt in der Eiszeit. Wenn nur nicht die vielen Schulausflügler hier immer auch das Echo testen müssten. »Hvad vil Finn?«, »Was will Finn?«, ruft der Dänennachwuchs und bekommt »ind« (»rein«) zurückgeworfen. Und dann: »Hvad vil Knud?« – »Ud« (»raus«). Das abschließende »d« spricht sich wie ein halb verschlucktes englisches »th«. Bei »ind« wird es ganz verschluckt.

Bei der Wanderung rund um Hammerknuden, die Nordspitze der Insel aus Granit, werden im Sonnenschein Erinnerungen an die Ägäis wach, ehe die mächtige Burgruine Hammershus die Geschichte ins Licht rückt. Von hier aus herrschte ab 1658 Schweden über Bornholm, aber nicht lange. Angestachelt auch von einem Wink des Dänenkönigs Frederik III., ermordeten Insulaner schnurstracks den Statthalter Printzensköld und meldeten sich in Kopenhagen zurück. Zum Dank schickte ihnen der Regent eine gewaltige Steuerforderung von 500 000 Reichstalern plus Zinsen statt der versprochenen Steuerfreiheit. Das passte zu den hässlichen Erfahrungen im vorangegangenen Jahrhundert. Der chronisch finanzschwache Hof hatte Bornholm gleich mehrfach an Lübeck verpfändet und von den Hansestädtern ausplündern lassen. Ein paar Hundert Jahre später sollte man sich am Ende des Zweiten Weltkrieges ein drittes Mal von Kopenhagen verraten und vergessen fühlen.

Finn Rowold geht in Slotslyngen im Schatten der Burgruine gern Pilze sammeln. Er hat von seinen deutsch-dänischen Eltern auch ein kleines Spalttal geerbt, zusammen mit dem alten, gelben Landarbeiterhof in Sandkås hoch über der Küste. Heute ist es sein Ferienhaus. Vater Karl war 1933 als junger Sozialdemokrat auf der Flucht vor den Nazis gekommen. Er lernte schnell Dänisch und fand Arbeit als Hotelchef. »Nach 1933 ging der starke deutsche Tourismus auf Bornholm unverändert weiter. Es muss für meinen Vater ein merkwürdiges Gefühl gewesen sein mit all diesen Leuten, deren Gesinnung er nicht kannte«, erzählt der Sohn. Sechs Flüchtlinge vor den Nazis kamen im Dorf unter und wurden vorbehaltlos aufgenommen. Das war nicht unbedingt eine Selbstverständlichkeit. Deutsche betrieben einträgliche Granitsteinbrüche, sie waren auch damals die klar dominierende Touristengruppe, und Deutsche bauten sich immer mehr prächtige Feriendomizile. 1936 lernte Karl Rowold eine dänische Touristin namens Ragnhild kennen. Als der Sohn 1940 im Krankenhaus von Allinge zur Welt kam, war Bornholm wie ganz Dänemark seit knapp zwei Wochen von der deutschen Wehrmacht besetzt.

Vater Rowold tauchte 1942 in Kopenhagen unter und flüchtete später nach Schweden. Auf der Insel liefen die fünf Jahre mit den Besatzern relativ friedlich ab. Ins kollektive Bewusstsein hat sich am stärksten das Kriegsende eingegraben. Während überall sonst im Land die Befreiung durch britische Truppen gefeiert wurde, fielen am 7. und 8. Mai 1945 sowjetische Bomben auf Rønne und Nexø. Zehn Menschen starben, die beiden größten Inselstädte waren in weiten Teilen zerstört. Eine Katastrophe aus dem Nichts, ohne dass es jemanden in der fernen Hauptstadt beim Feiern zu stören schien. Nach elf Monaten Besatzungszeit mit der Roten Armee fühlten sich die Bornholmer von ihrer Regierung wieder mal verraten und vergessen.

»Die Verbitterung darüber sitzt immer noch tief«, sagt Rowold. Bornholms Bürgermeisterin Winni Grosbøll ist eine Generation jünger und sieht es ganz genauso: »Es steckt in uns, dass wir uns nur auf uns selbst verlassen können, auch wenn das nach 70 Jahren komisch klingt. Mein Vater gibt diese Geschichte wieder weiter an meine Kinder.« Die Sozialdemokratin spielt mit schnellem, scharfem Verstand und wachem sozialen Instinkt eine Hauptrolle bei den Bornholmer Anstrengungen, nicht ein weiteres Mal links liegen gelassen zu werden. Für kleinere dänische Inseln verlangen Neoliberale schon, man solle sie an reiche Privatiers verkaufen oder einfach aufgeben: Die kosten ja! Da stellt sich auch für die Bürgermeisterin die anfangs beschworene »Magie« der Insel ein, aber auf ganz andere Art: »Im Oktober 2014 hat Bornholms Einwohnerzahl eine magische Grenze passiert. Zum ersten Mal seit 135 Jahren waren wir weniger als 40 000 Inselbewohner.« Mitte der Sechzigerjahre lebten noch 50 000 Menschen hier. Jetzt verschwinden zwei Drittel der Jungen nach der Schule für immer.

Das kann man erst mal überhaupt nicht verstehen beim Blick vom »Bokul«, dem »Heiligen Berg«, hinunter auf Gudhjem, Bornholms am schönsten gelegenen Inselort. Wie ein Amphitheater schmiegt er sich an die Ostsee. Man sieht von oben auf die Hafenpromenade mit sorgfältig gestrichenen Häuschen unter Dächern in warmem Rot, dazwischen Felsklippen und sattes Grün, die Schornsteine der alten Heringsräuchereien, einen Kirchturm aus grauem Granit mit Schieferdach und Windrad auf halber Höhe. Am Horizont die kleine Insel Christiansø, noch abgelegener als Bornholm. Ich habe zu diesem grandiosen Ausblick eine Fischfrikadelle aus der Räucherei an der Landstraße verspeist und bin dann den steilen Weg in die kleine Stadt hinein- und zum Wasser hinuntergerollt. Beide Handbremsen am Rad mit aller Kraft umklammert. Man weiß ja nie.

Unten wird sofort klar, dass Gudhjem nur noch Tourismus ist. Im Sommer proppenvoll, jedes Haus irgendwie dafür hergerichtet, und außerhalb der kurzen Saison gähnend leer. Vor allem aber: Der Fischereihafen bleibt ganzjährig gähnend leer, wie fast all diese Häfen auf der Insel. Der Haupterwerb seit tausend Jahren ist verschwunden. Den Begriff »Fangquoten« als Folge von Überfischung hatten die Fischer in den 1980ern gerade mühsam und eher unwillig gelernt, als ihnen Konkurrenz aus dem Osten Europas endgültig den Garaus machte. »Wenn ich das Wort ›Mauerfall‹ höre, fällt mir zuerst der Kollaps unserer Fischerei ein«, sagt Bürgermeisterin Grosbøll.

Jetzt kommt noch nicht mal der *sild*, der Hering, für die Fischfrikadelle von hier. Es müsse wohl die Nordsee sein oder vielleicht Island, antwortet die Verkäuferin unsicher auf meine Frage. »Bornholmer Sild« und »Christiansø Sild« waren eigentlich immer Teil der Grundausstattung dänischer Kühlschränke. Winni Grosbøll sagt in ihrem Büro: »Ohne Produktion auf der Insel sterben wir. Die Leute wollen keinen leeren Hafen sehen. Wenn du Besucher haben willst, musst du eine lebendige Gesellschaft präsentieren können.«

Der Rønner Vollbartträger Dennis Gade Kofod, wie die Bürgermeisterin Jahrgang 1976, hat in kurzem Abstand zwei lesenswerte Bücher über seine Insel herausgegeben. In

»Bornholm – Steder og mennesker« (Bornholm – Orte und Menschen) stellt er die »Sonneninsel« in liebevollen Worten und mit kitschfrei schönen Bildern vor. Sie zeigen steil abfallende Felsküsten, fast tausend Jahre alte Rundkirchen mit weißer Fassade und schwarzem Dach, opalfarbene Seen in stillgelegten Granitsteinbrüchen, den schneeweißen Strand Dueodde, geschmackvoll aufgeputzte Retrobadehotels, die Burgruine hoch über der Ostsee, mysteriöse Felszeichnungen und Runensteine, rieselnde Wasserfälle, einladend leere Landstraßen mit breiten Radwegen am Wasser, golden glitzernde Heringe in der Räucherei und optimistische Bornholmer bei ihren kreativen, naturnahen Aktivitäten.

Kofod lässt sich von der Naturführerin Conny Ogareck durch den riesigen Almindingen-Wald leiten. Sie erzählt von übernatürlichen Wesen: »Hier habe ich zum ersten Mal *elverpigerne*, die Elfenmädchen, gesehen. Die tanzten im Nebel, mit rankem Rücken und unvergleichlich schön.« Viele Bornholmer, versichert der Autor, hätten ihm von ganz alltäglichen Begegnungen mit »de Underjordiske«, den »Untererdlingen« (oder »Unterirdischen«), berichtet. So nennt man hier die Trolle, manche sind gut, andere weniger.

Im finsteren Roman »Nancy« lässt Kofod Bornholm durch böse *Underjordiske* untergehen. Erst verschwinden ein paar Leute spurlos, die Touristen bleiben aus, nach und nach flüchten alle, die es sich leisten können. Geschäfte und Wohnhäuser stehen leer. Am Ende sind nur Nancy und ihr ungeliebter Ex übrig. Eine Dystopie, das Gegenbild einer positiven Utopie, hat der Bornholmer über seine verarmende, von Entvölkerung bedrohte Heimat geschrieben. Sie sei ihm mit Blick auf den tatsächlichen »Verrat der Herrschenden und Besitzenden« noch zu freundlich geraten, bedauert er.

Sein Buch über »Orte und Menschen« aber schließt er mit dem Satz: »Bornholm ist auf dem Weg, trotz all des Unglücks.«

Als Beispiel nennt Kofod den Juwelier und Uhrmacher Sebastian Frost, früher in Bremen zu Hause, jetzt im Küstendorf Listed. Er wirbt auf seiner Homepage mit Dependancen, »immer geöffnet«, in Kopenhagen, Barcelona und Mallorca. Auf dem Werbefoto ähnelt er Brad Pitt. Eine andere Erfolgsgeschichte: Das Gourmetrestaurant »Kadeau« hat den ersten Michelin-Stern für Bornholm geholt. Anspruchsvolle Kochkunst und Bioprodukte von der Insel werden erfolgreich vermarktet. Alle sagen, dass die vielen Kreativen mit ihren Ideen frischen Mut nach Bornholm gebracht haben. Aber die Sonneninsel braucht viele Ökobauern, Köche, Keramiker und andere Kreative gegen das unbarmherzige Schrumpfen der Steuerkasse.

Einer von ihnen ist Poul Pava, den alle auf Bornholm mit seinen naiv-frohen, sympathischen Bildern und dem losen Mundwerk kennen. Er expandiert gerade nach China und beklagt in der Rønner Galerie die stocksteife Ablehnung alles Neuen durch die Alteingesessenen. Aber es sei komplizierter, als man denkt, sagt Pava: »Ich kam mit dem Boot ein bisschen zu schnell in den Hafen. Abends haut mich ein Fischer an: Das war aber jetzt das letzte Mal, dass du in dem Tempo an mir vorbeirauschst. Sonst setzt es was. Und außerdem ziehst du deinen Kindern Schwimmwesten über, sonst kriegst du noch mehr Dresche. Hier hast du zwei, ich brauche sie nicht mehr.«

Zum Abschied aus Bornholm bekomme ich noch ein unverdientes Lob von meinem Gastgeber zu hören: »Ihr Deutschen seid beim Pilzesammeln in Slotslyngen unschlagbar. Viel fleißiger als wir Dänen.« Ich kann mit dem Satz eigentlich nicht gemeint sein. Aber wir sind viele. Zwei Drittel aller ausländischen Touristen auf Bornholm kommen aus Deutschland. Sie geben pro Nase jeden Tag nur halb so viel Geld aus wie Norweger oder Schweden auf der Insel.

Als vernünftig verteidigen würde das wohl Martin Andersen Nexø, der berühmteste aller Bornholmer und große dänische Arbeiterschriftsteller. Er übernahm seinen zweiten Nachnamen von der zweitgrößten Inselstadt, wo er mit bettelarmen Eltern aufgewachsen war. Viel davon ist in »Pelle der Eroberer« eingegangen, einen Klassiker über Armut, Klassenherrschaft und den Kampf gegen beides. Nexøs Jahre als hochgeehrter »Staatsschriftsteller« in der DDR bis zu seinem Tod 1954 in Dresden haben ihn im eigenen Land viel Renommee gekostet. Bis der Regisseur Bille August mit seiner Filmversion von »Pelle der Eroberer« 1988 die Goldene Palme in Cannes und im Wendejahr '89 dann auch noch den Oscar holte. Oscar und Goldene Palme zusammen sind dänischer Rekord und erfreulicher für das kollektive Gedächtnis als stalinistische Irrungen.

Helles Jütland

Jütland sei sein »behäbiges Sehnsuchtsland«, hat Siegfried Lenz ein bisschen kryptisch geschrieben. Man kann bei dem Adjektiv freundliche Gemächlichkeit assoziieren. Träge, lahm oder schwerfällig würden aber auch passen. Nach zwanzig *jyske*, jütländischen, Sommern schwärmte der Hamburger Schriftsteller von der »grandiosen Nachbarschaftshilfe«, »dem erstaunlichen Gerechtigkeitssinn der Jütländer«, ihrer »stillen Tüchtigkeit, ihrer fabelhaften Sparsamkeit, ihrem Sinn für Gemütlichkeit«. Auch die »noldischen Sonnenuntergänge«, benannt nach den farbenprächtigen Bildern des Deutsch-Dänen Emil Nolde, sagten ihm zu. Wenn er sich sogar für »künstlerisch geschnittene Hecken« in Jütland begeistern konnte, wird Lenz das Behäbige wohl positiv gesehen haben.

Sein Landsmann und Schreibkollege Adam von Bremen hatte weit früher ganz andere Eindrücke gesammelt. Ungefähr 1075 hielt der Chronist fest: »Zwar wimmelt jede Region Germaniens schrecklich von finsteren Wäldern, aber Jütland jagt die allergrößten Schrecken ein.« Die Meere auf beiden Seiten der schmalen Halbinsel würden von Seeräubern unsicher gemacht, auf dem Land gebe es praktisch keine zur menschlichen Besiedlung geeigneten Plätze.

Noch zu Lebzeiten von Hans Christian Andersen fand sich in weiten Teilen nichts als unbrauchbare Heide. »Das dunkle Jütland« gab es dafür als abschätzigen Stempel aus Kopenhagen, wo alle gerade das 1878 erschienene Buch »Through the Dark Continent« des Afrikaforschers Henry Morton Stanley lasen. Die armen Fischer und Bauern auf der anderen Seite vom Großen und Kleinen Belt galten als ähnlich hoffnungslos, rückständig und frömmelnd.

Vor allem die in Westjütland, und das ist mit Abstrichen immer noch so. *Jyderne*, die Jütländer generell, sind in den Augen heutiger Kopenhagener einfach, wortkarg, neigen zu Geiz und quittungsfreiem Schwarzhandel, strahlen aber auch Besonnenheit und Verschmitztheit aus. Umgekehrt haben die Hauptstädter auf dem Festland den Ruf, notorisch lärmende und endlos klagende Weicheier zu sein. »Wie findet man in Kopenhagen den Jütländer?«, lautet eine gängige Scherzfrage. Antwort: »Frag einfach nach dem Chef.«

Kopenhagener können in umgekehrter Richtung auch hart zuschlagen. »Verfaulte Banane« wird das mit Randlageproblemen kämpfende Westjütland in Hauptstadtmedien verächtlich genannt, zusammen mit wirtschaftlich genauso abgehängten Inselregionen. Dagegen setzen Jütländer ihr Selbstbild als »Produktions-Dänemark« und zählen erfolgreiche Unternehmen wie Lego, den Schuhhersteller Ecco und Vestas mit seinen Windkraftanlagen auf. In Kopenhagen, dem »Schreibtisch-Dänemark«, würden Berufspolitiker und akademische Bürohengste Steuergelder zum Nutzen der Metropole verschleudern.

Ich gebe wenig auf solche Klischees, habe aber auf Jütland immer etwas fremdelnd geblickt. Mal ein paar Tage Ferien an der Nordsee, berufliche Besuche bei Lego in Billund oder in Dänemarks zweitgrößter Stadt Aarhus; ab und an ein Familienfest mit Gesang und opulentem Kuchenbuffet – das ist das dünne Gerüst meiner selbst erworbenen Ortskenntnisse.

Da war es ein »Heureka!«-Moment, als wir beschlossen, das Festlands-Dänemark während der Sommerzeit zwei Wochen lang zu erforschen. Gesagt, getan. Wir, die gebürtige Jütländerin und ich als selbst ernannter Jütlandforscher, haben von der Südgrenze bei Flensburg bis an die Nordspitze am Skagerrak mit dem Auto, die Räder huckepack, allerlei abgeklappert. Luftlinie beträgt der Abstand gerade mal 330 Kilometer, aber wir sind im Zickzack gereist. Das Offensichtliche gleich vorab: Jütland ist überhaupt nicht dunkel. Die Sonne sahen wir im Juli über dem Marschland an der deutsch-dänischen Grenze um 22 Uhr bemerkenswert hoch am Himmel strahlen und zehn Tage später in Hirtshals von einer Düne aus um 22.15 Uhr bestechend schön über der Nordsee untergehen.

Dass wir sie sonst wenig erblicken und es an jedem Tag, bis auf einen, mindestens einmal regnete, steht auf einem anderen Blatt. Meine eingeborene Reisebegleiterin wollte das unter keinen Umständen in diesem Text wiederfinden. Eine überflüssige Information, jeder wisse das mit dem »nicht immer stabilen« Wetter in Dänemark doch. Der Einwand »Chronistenpflicht« blieb ohne Echo. Immerhin kam jetzt nicht ihr Wikingerstandardsatz: »Es gibt kein schlechtes Wetter, es gibt nur schlechte Kleidung.« In Ribe kaufte die Dänin wortlos ein Paar Gummistiefel. Anders ging es nicht mehr. Bei einer anderen Gelegenheit wollte sie mir verbieten, ihr Land in dieser Gebrauchsanweisung als teures Pflaster für Reisende zu denunzieren. Dazu am Ende mehr, falls noch Platz ist. Behäbig übrigens fand ich nur mich selbst als Sommerhausbewohner in den Dünen von Hirtshals – und das meine ich uneingeschränkt positiv.

Kuchenschlachten und richtige Schlachten

Der dänisch-deutsche Grenzstein 245 ist seit 1920 mitten auf Rudbøls Dorfstraße in den Asphalt eingelassen. Auf der einen Seite lädt der 300 Jahre alte »Grænsekro« zu *smørrebrød* mit Krabben oder Roastbeef ein. Auf der anderen ein paar Schritte weiter der »Alte Deutsche Grenzkrug«, auch 18. Jahrhundert, zu Schweinshaxe oder Putenkeule mit Pommes. »Bei einem Bier sparen die dänischen Gäste zwei Euro«, sagt munter die Chefin. Eigentlich müsste man beim Überqueren des Mittelstreifens seit 2015 wieder den Pass dabeihaben. Die dänische Polizei schickt immer mal eine Patrouille. »Die sind schon sehr präsent«, nickt die Wirtin. Aber es hätten sich noch keine Flüchtlinge hierher zum äußersten südwestlichen Rand von Dänemark an der Nordsee verirrt.

Das Rudbøl-Hostel ist im Frühling und im Herbst ganz bestimmt ausgebucht, wenn Hunderttausende Stare den Himmel mit ihrem Luftballett verdunkeln. Die Besucher staunen und fotografieren. »Sort sol«, »Schwarze Sonne«, nennen die Dänen das Schauspiel, wenn die Zugvögel gigantische Muster an den Himmel malen und auch mal die Sonne verdecken. Damit nicht genug. Die Vögel versuchen, angreifende Raubvögel mit Zielkotzen und auch anderen Ausscheidungen flugunfähig zu schießen. Unglaublich! Die von Menschenhand geschaffene Marsch vor Rudbøl ist dafür die ideale Bühne. Hier stellt man sich auf eine Zeitung und kann von der Anhebung in alle Richtungen kilometerweit sehen.

Auch die Beleuchtung stimmt. In Sønderjylland sei es »immer etwas höher bis zur Decke«, wird das klare, intensive Licht mit dramatischen Wolkenbildern gerne umschrieben und Emil Nolde als Kronzeuge angeführt. Eine halbe Stunde zu Fuß und noch schneller mit dem Rad, dann ist man im

Haus Seebüll, früher der Wohnsitz, jetzt das Nolde-Museum. Der Maler starb hier 1956 als dänischer Staatsbürger auf deutschem Boden. 1867 war er als Deutscher im damaligen Buhrkall zur Welt gekommen, aus dem 1920 das dänische Burkal wurde. Das war die »Wiedervereinigung«, wie Dänen die Rückgewinnung ihres südlichen Festlandteils nach einem halben Jahrhundert nennen.

Kompliziert? Konfliktreiche Grenzverschiebungen haben die Geschichte dieser Region bis ins letzte Jahrhundert geprägt. Einmal im Jahr ist auch der *hyggelige* Saal im sehr *hyggeligen* Rudbøl-Hostel beim »Dilettantenabend« rappelvoll. Auf den Tischen wird Weinsuppe mit Schinken serviert und auf der kleinen Bühne plattdeutsch, hochdeutsch, friesisch, *rigsdansk*, das normale Dänisch, und *sønderjysk*, südjütländisch, gesprochen. »Ich mag dieses Gemisch, bei dem viele nicht alles verstehen. Man lernt, was es heißt, eine Minderheit zu sein. Nebenbei lernt man auch Toleranz«, erzählt die Hostel-Wirtin Kirsten Bossen. Sie ist in der deutschen Minderheit aktiv, legt aber genauso viel Wert auf ihre friesischen Wurzeln.

Eher in den Niederlanden – mit ihrem Westfriesland – oder im deutschen Ostfriesland als in Dänemark wähnt man sich beim Anblick reetgedeckter Katen mit dunkelroten Ziegelmauern auf Rømø, dem nördlichen Inselnachbarn von Sylt. »Wer sich die Architektur im Grenzgebiet anschaut, kann die nationalen Zuordnungen vergessen«, erklärt uns der Historiker Kim Furdal vom Museum Sønderjylland.

Nicht immer leicht ist das für die 15 000 Angehörigen der deutschen Minderheit in Nordschleswig, wie die übliche deutsche Bezeichnung für Sønderjylland lautet. Ihre Vorfahren bejubelten 1940 ziemlich einhellig und lautstark den Einmarsch von Hitlers Wehrmacht. Das hat nach Kriegsende lange nachgewirkt, aber auf Dauer den Erfolg der freundlichen Minderheitenpolitik beiderseits der Grenze nicht blockiert. Wenn alle Grenzkonflikte auch nur halb so friedfertig, versöhnungswillig, großzügig und auch elegant gelöst würden wie der deutsch-dänische, könnte man optimistisch auf stabilen Frieden überall in der Welt hoffen.

Jeder bestimmt selbst, ob er oder sie zur Minderheit gehören will. So ist es auch bei der dänischen Minderheit mit 45 000 Angehörigen im nördlichen Schleswig-Holstein. Die deutsche Minderheit in Dänemark betreibt ihre eigenen Kindergärten, Schulen, Kirchengemeinden und die deutschsprachige Tageszeitung *Der Nordschleswiger*. Die Schleswigsche Partei bestimmt in Stadtparlamenten mit, der »Bund der Nordschleswiger« ist eine anerkannte öffentliche Stimme. Jüngere Minderheitenvertreter nehmen unbefangener und offensiver kontroverse Positionen ein als die älteren mit dem Kriegs- und Besatzungstrauma im Nacken. »Zur Minderheit stoßen viele Deutsche, die wegen eines Jobs und der klar besseren Verhältnisse für ihre Kinder über die Grenze ziehen«, erzählt die selbst aus Schleswig-Holstein zugewanderte Pastorin Kirstin Kristoffersen. Mit froher Miene fügt sie an: »Bei unserem Jahrestreffen waren 200 irakische Flüchtlinge dabei. Eine eingesessene Minderheit zeigt einer neuen Minderheit, dass es funktionieren kann, wenn beide Seiten wollen.«

Am Sonntagmorgen fahren wir auf der Jagd nach einer Vorratskiste mit alkoholfreiem Weizenbier mal eben über die Grenze. In Dänemark ist das schwer aufzutreiben. Flensburg begrüßt uns mit einem zweisprachigen Ortsschild, also auch dem dänischen Flensborg. Es gibt viele solcher Schilder in Schleswig-Holstein, manche auch mit dem friesischen Ortsnamen. Das gefällt uns. Nur leider sind hier alle Geschäfte dicht. Sogar die vielen deutschen Getränkemärkte für dänische Hamsterkäufer am Grenzübergang Kruså haben noch geschlossen. Der Sexshop auf der dänischen Seite bietet seine

Ware feil. »Wieso kann ich schon bei dir dänische Pornos kaufen, aber drüben noch kein deutsches Bier?«, frage ich den Chef des Hauses, der draußen eine Charlie-Chaplin-Puppe als Blickfang aufstellt. Er gibt die etwas spitze Antwort: »Wir haben uns eben früher sexuell befreit als ihr. Vom Ladenschlussgesetz dann auch.« Touché. Auch wenn nicht jeder die Dänen für Freiheitshelden halten muss, nur weil ihr Land als Erstes auf der Welt Pornografie legalisiert hat und sonntags die Milch aus dem Supermarkt geholt werden kann.

Ich schweife ab. Was ich eigentlich erzählen will: Auf dänischer Seite ist kein einziges zweisprachiges Ortsschild zu sehen. »Es wäre ein Symbol für Toleranz und Offenheit und dass man die jeweils andere Seite der Grenze willkommen heißt«, hatte Hinrich Jürgensen vom »Bund der Nordschleswiger« eine Initiative vor Jahren begründet und massiv aggressive Reaktionen dafür geerntet. Da komme »die alte Nazisache« dann wieder hoch, ist überall zu hören, aus der Minderheit genauso wie von den Mehrheitsdänen. Die Volksvertreter in der Region mochten sich nicht mit der Volksseele anlegen. Als der Bürgermeister von Haderslev dann doch 2015 versuchsweise ein zweisprachiges Ortsschild auch mit »Hadersleben« aufstellen ließ, war es nach ein paar Tagen von Unbekannten ausgegraben und beiseitegeschafft worden. Der Bürgermeister traute sich kein zweites Mal.

Aber warum? In Südjütland sind die Rechtspopulisten von Dansk Folkeparti mit 30 Prozent klar stärkste Kraft, das sind zehn Prozentpunkte mehr als anderswo im Land. Die Partei wollte schon immer die Grenze mit Deutschland möglichst dicht halten, hat stets die rot-weiße Flagge besonders hoch und in Ehren gehalten und Multikulti, auch dänisch-deutsches, zu Teufelszeug erklärt. Der eigenen Minderheit in Schleswig-Holstein verlangt sie klare Bekenntnisse zu *danskheden*, dem »Dänentum«, ab, knapp vor »Heim ins Reich«.

Das lässt sich wohl als nationalistisch einordnen. Die meisten in Sønderjylland sehen es anders. Die Popularität der Populisten sei der Protest im wirtschaftlich und politisch hängen gelassenen Randgebiet gegen die »Machtelite in Kopenhagen«. Das sagen alle, auch die, die selbst für offene Grenzen, mehr Europa, eine tolerante Ausländerpolitik und gegen rückwärtsgewandten Nationalismus eintreten. Aber die anderen bestimmen unangefochten die Tagesordnung.

Nirgends klingt sie für dänische Ohren einleuchtender als hier, wo das Königreich 1864 die selbst provozierte und folgenreichste Kriegsniederlage seiner Geschichte erlebte. Dreitausend Soldaten starben an einem Tag auf der Insel Als bei der Stürmung der Düppeler Schanzen, *Dybbøl Banke*, durch überlegene Preußen. Haarsträubende Selbstüberschätzung der dänischen Führung vor, im und nach dem Gemetzel kosteten das Land ein Drittel seines Territoriums. Dänemark musste die Herzogtümer Holstein, Schleswig und Lauenburg abtreten. Fortan waren Altona im Westen Hamburgs, Kiel und Flensburg nicht länger dänisch. Aus Kopenhagen wurde die Hauptstadt eines unbedeutenden europäischen Kleinstaats mit Randlage.

Dass diese Katastrophe positive Kräfte nach innen freigesetzt hat, Richtung »klein, aber fein«, lernt jedes Kind bis heute im dänischen Geschichtsunterricht. Es ist auch die Botschaft der »heiligsten« historischen Gedenkstätte im Land. »Das Dänemark von heute ist auf der Niederlage von 1864 errichtet. Es hat sich als Nation neu erfunden und hält sich an das Nahe, das Lokale und das Sichere. Wirtschaftlich ist das Land gewachsen«, liest man im »Geschichtscenter Düppeler Schanzen«. Als Konsequenz aus einem verlorenen Krieg durchaus beachtlich.

Umso größer der erstaunte Schreck beim Gang über die »historisch korrekt« rekonstruierte Schanze mit ihrer heroisierenden Verklärung der Schlacht. Junge Männer in Uniformen ballern mit Platzpatronen herum. Däninnen in Trachten backen Pfannkuchen für »unsere Soldaten«. Man fühlt sich wie in der Kulisse für einen Wildwestfilm. Das Besucherfaltblatt animiert zum Kriegsspiel: »1864 – ein Knaller-Erlebnis. Klar zum Angriff. Krabbelt in den Schützengraben. Erwartet den Sturmangriff der Preußen, während die Granaten schon angesaust kommen.« Im nahen Sønderborg lockt das Museum im Schloss mit einem Quiz zum Thema 1864 und verspricht Freibier nebst Siegprämie. »Welche der zehn Schanzen hielt am längsten stand?« Dreißig Fragen dieses Kalibers gibt es zu beantworten.

Das politische Dänemark streitet beim Thema 1864, als wäre die Schlacht gestern erst geschlagen und der Kampf um die Deutungshoheit gerade eröffnet worden. Nach 150 Jahren! Als der Regisseur Ole Bornedal zu diesem Jubiläum in »1864«, der teuersten dänischen TV-Dramaserie aller Zeiten, die sinnlose Vergeudung so vieler Menschenleben, die Kriegsbrutalität und den militärischen Aberwitz aus Kopenhagen ins Zentrum stellte, brach ein Sturm los. »Nestbeschmutzer«, »Verunglimpfung ehrenwerter dänischer Politiker und aufrechter Soldaten«, riefen am lautesten die Rechtspopulisten. Historiker machten Schlagzeilen mit detaillierten Nachweisen historischer Faktenfehler, als gehe es um einen Dokumentarfilm. Noch dazu hatte der Regisseur in einer Nebengeschichte das Kriegselend unserer Tage mit dänischer Beteiligung in Afghanistan und im Irak thematisiert. Ich fand die Serie als Fiktionsdrama wegen der vielen Klischees schwach und staunte über den Vulkanausbruch bei der Ausstrahlung. Seit 1864 hat sich mit zwei Weltkriegen so viel geändert, es gab in 150 Jahren eine Unmenge zu lernen aus den Katastrophen durch Nationalismus, Militarismus und Selbstüberschätzung. Warum das alles ignorieren und so tun, als wäre die Schlacht bei Dybbøl gestern geschlagen worden und könne doch noch mit passenden Worten gewonnen werden? Die *Sønderjyder* haben ein Päckchen zu tragen mit dieser Last, mehr als alle anderen in Dänemark.

Die schönste und komischste deutsche Liebeserklärung an diesen Teil Dänemarks hat Siegfried Lenz, 2014 gestorben, in seiner Geschichte »Kummer mit jütländischen Kaffeetafeln« geliefert. Was er da von seinen Ferienhausnachbarn in Lebøl auf der Insel Als vorgeführt bekam, ist eine rein südjütländische Sitte mit »mindestens sieben harten und sieben weichen Kuchen« in Folge, nach dem Abendessen. Man leidet genussvoll mit, wenn der Autor nach dem Auftakt mit doppelseitig butterbestrichenen Brötchen, *boller* oder *rundstykker*, gefolgt von *wienerbrød*, dem Plundergebäck, begriffen hat, dass man hier nichts ablehnen darf – »mit ergebenem Kälberblick hoffend, dass das Ärgste überstanden ist« –: »Doch kaum hatte ich mich zurückgelehnt, als ein Hügel von kränklicher Weiße gebieterisch auf mich zuschwebte, ein Gletscher, bedeckt mit bräunlichem Moränenschutt, waghalsig verziert mit Kirschen, die dem erstarrten Schaum sanft eingedrückt waren: die erste Großtorte, *lagkage*, der Stolz der Hausfrau, den abzulehnen einer Beleidigung gleichgekommen wäre. Das vorzeitlich anmutende Ungetüm des Genusses wurde in die Mitte der Tafel gestellt, ein ererbtes Tortenmesser brachte ihm die erste Wunde bei, und dann wurde jeder namentlich aufgefordert, seinen Teller heranzureichen zum Empfang kiloschwerer, präzis geschnittener Batzen.

Wie viele Schichten waren da verständig übereinandergelegt, der Boden erinnerte an Jütlands sandgraue Küsten, die Füllung an seine dunkle Torferde, etwas Versteiftes, Klumpiges gemahnte an einheimische Hünengräber, und beim Anblick der lastenden Sahneschichten musste ich an jütländische Win-

ter denken. Der Moränenschutt, fast unnötig zu sagen, entpuppte sich auf der Zunge als Nusssplitter. Eine ganze Geologie der Gaumenfreude präsentierte sich uns da, und ich wäre in Andacht versunken, wenn Atemnot mir nicht zugesetzt hätte. [...]
Plötzlich neigte sich mir mein Nachbar zu, zwinkerte und riet mir, den Teller rasch leer zu essen, da gleich die Napoleonschnitten ›dran‹ wären, ein mit Vanillepudding gefülltes Labsal, schön zittrig unter glasiertem Blätterteig. Und kaum hatte der kreisende Teller ihn erreicht, als er mir auch schon zwei Stücke zuschaufelte, jedes so dick wie Tolstois ›Krieg und Frieden‹.« Vor der Nusstorte mit Buttercreme und dem Kleingebäck, zur Abrundung kurz vor Mitternacht, verlassen wir Lenz. Die Sitte ist auch ein bisschen aus der Mode gekommen.

Wir übernachten in Ribe, einer der ältesten Städte Dänemarks mitten in der Marsch. Zu Wikingerzeiten wurde sie gegründet, hat einen 900 Jahre alten romanischen Dom, war Königsresidenz im Mittelalter und sieht noch genauso aus. Unser Wirt im 1668 gebauten »Postgaarden« erzählt, dass nach der Finanzkrise die ausländischen Besucher ausblieben, »und es gibt ja hier nichts anderes«. Geholfen hat, dass die Begeisterung für die Wikinger so rasant gestiegen ist: »Die Holländer sind verrückt danach. Sie rücken zur Wikingerwoche Ende April in Massen an.« Im August schlüpfen dann zu einer weiteren Wikingerwoche vor allem Dänen in Wikingerkostüme und ahmen das Leben ihrer Vorfahren, so gut es geht, in Rollenspielen und als Bewohner altertümlicher Zelte nach. Am allerliebsten mit Schwert und Schild oder Pfeil und Bogen im Kampfgetümmel. So scheint diese Stadt gänzlich zu ihrem eigenen Museum zu werden.

Man stolpert eben in Südjütland häufiger als anderswo in Dänemark über Geschichte. An Christiansfeld sollte deshalb

Christiansfeld

niemand auf dem Weg durch Jütland vorbeifahren. Es sind nur ein paar Kilometer von der E45, der Nord-Süd-Autobahn. Die rechtwinklig angelegte kleine Barockstadt mit der Lindenallee im Zentrum sieht noch genauso aus wie im 18. Jahrhundert, als die »Herrnhuter Brüdergemeine« ihr Werk vollendet hatte. König Christian VII. und sein deutscher Berater Johann Friedrich Struensee hatten bei Auslandsreisen das handwerkliche Geschick der Herrnhuter beim Bau neuer Städte bestaunt und gaben ihnen grünes Licht für eine dänische. Was die vor allem deutschsprachigen Zuwanderer ab 1772 schufen, hat perfekt, ohne moderne Zusätze, überlebt.

Heute ist Christiansfeld UNESCO-Weltkulturerbe. Zu den alles in allem sieben dänischen Stätten mit diesem Status gehören auch der Dom in Roskilde, das Hamlet-Schloss Kronborg in Helsingør und die zwei Runensteine von Jelling aus dem 10. Jahrhundert. Das klingt alles nach Museum. Aber die Christiansfelder Brüdergemeine, bei den Herrnhutern immer ohne »d« geschrieben, lebt ihren freundlich hellen Pietismus mit ausgeprägter »Gemeinschaft« und »Gleichheit« weiter. Das Betreten des schlichten Kirchensaals (»die gute Stube«) ist genauso faszinierend bis überwältigend wie der Gang über den Friedhof (»den Gottesacker«). Eine nach oben geschlossene Lindenallee führt zum Eingangsportal. Die Grabsteine liegen schmucklos, bescheiden auf nackter Erde, alle gleich. Kein einziges Mal seit dem ersten Begräbnis eines wenige Monate alten Jungen am 2. April 1774 ist eine Grabstelle eingeebnet oder ein Stein entfernt worden. Die ältesten verwittern langsam und werden unleserlich, was Pastor Jørgen Bøytler gefällt: »Die Identität der Begrabenen wird mehr und mehr anonym. Gleichheit, ja man ist versucht hinzuzufügen, Freiheit und Bruderschaft.«

Nur ein paar Schritte sind es bis zur »Honigkuchenbäckerei der Brüdergemeine, gegründet 1773« in der Lindenstraße, der

Lindegade. Als »Erneuerer der Honigkuchen« wird seit einiger Zeit Bäcker Kim Rasmussen gefeiert, weil er alte Rezepte ausgegraben hat: »Jetzt schmecken die Honigkuchen wieder nach Roggen, Honig und feinen Gewürzen.« Ich habe vor der Ära des Erneuerers bei jedem Besuch in Christiansfeld welche gekauft und fand, dass sie auch schon nach Roggen, Honig und feinen Gewürzen schmeckten. Umso gespannter bin ich auf den nächsten Besuch.

Von der Heide zur Erlebnisindustrie

Einen Abend vor uns hat Sir Paul McCartney in Herning Station gemacht. Dass der geadelte Ex-Beatle vor 12 500 Sitzplatzinhabern in diesem Nest mit gerade mal 48 000 Einwohnern auftrat, ist nicht zuletzt auch *kartoffeltyskerne*, den »Kartoffeldeutschen«, zu verdanken. Ohne den Import dieser Arbeitskräfte läge im Herzen Jütlands, *Midtjylland*, vielleicht immer noch der Hund begraben. Die deutschen Bauern und Abenteurer wurden als Siedler geholt, um die Verwandlung der Heide in Ackerland voranzutreiben. Sie brachten die Kartoffel nach Jütland. 1840 zählte Herning 21 Einwohner, die sich mühsam mit ein paar Schafen und dem Verarbeiten von Wolle über Wasser hielten. Heute staunen alle in Dänemark über die boomende Stadt mit ihrer wild wachsenden »Erlebnisindustrie«.

»Schon bei der Urbarmachung der Heide haben wir *Midtjyder* nicht auf Hilfe aus Kopenhagen gewartet. Wir haben selbst zugepackt«, übertreibt Stadtentwicklungschef Jørgen Krogh im Rathaus seinen persönlichen Anteil am Wandel ein bisschen. Das gerahmte rosa Trikot über seinem Schreibtisch illustriert, wie weit die Herningenser mit ihrem Zupacken im postindustriellen Zeitalter gekommen sind: 2012 startete die

Italienrundfahrt, der Giro d'Italia, zweitgrößter Radsportzirkus der Welt nach der Tour de France, tatsächlich auf dem flachen Exheideland im hohen Norden. Man kann so ein Ereignis ja kaufen, und in Massen strömten die radversessenen Dänen herbei. Auch wenn die Stadt schon damals nicht mehr mit Bjarne Riis Reklame machte. Der Sieger der Tour de France 1996 wurde hier geboren und war als »Adler von Herning« im eigenen Land eine Weile fast so populär wie Paul McCartney zu Beatles-Zeiten. Dann kamen späte und peinliche Dopinggeständnisse.

Sportmeisterschaften aller Art und andere Großevents füllen die hypermoderne Multiarena »Boxen« als Teil eines Messecenters, Hernings größtem privaten Arbeitgeber. Dänischer Fußballmeister war der Fusionsklub FC Midtjylland natürlich auch schon. Teure Musikstars von Lady Gaga bis Rammstein geben sich in dieser Kleinstadt die Klinke in die Hand. Fast immer sind die Plätze ausgebucht und damit auch die Hotels und Restaurants. So habe man den Niedergang der heimischen Textilindustrie mit einer neuen Industrie – zur Produktion von Erlebnissen gegen Bezahlung – erfolgreich wettgemacht, sagt der Entwicklungsdirektor. Nie habe ich in einer dänischen Stadt dieser Größenordnung so viele teure Restaurants gesehen. Man meint, Geld zu riechen. Am Ende der Fußgängerzone verbreitet die Stadtbücherei in einem raffiniert umgebauten Betonkaufhaus aus den Sechzigern luxuriöse New Yorker Loft-Stimmung zwischen rohen Ziegelwänden. Ein digitales Erlebnisparadies, Bücher stehen nur noch im Keller. Man ist trotzdem beeindruckt.

Erlebnisindustrie, wird mir erklärt, funktioniere gewinnbringend, wenn es die Erlebnisse am laufenden Band und nicht nur als kulturellen One-Night-Stand gebe. Herning leistet sich zwei imposante Museen für moderne Kunst im Kunst- und Designcenter »Birk«. In dem einen waren wir morgens bei Regen die einzigen Besucher, und im zweiten waren alle Gäste zusammen immer noch an einer Hand abzuzählen. Aber unter dem Strich klappt die Herning-Strategie mit »Messen, Meetings, Musik und Meisterschaften«. So der O-Ton aus dem Rathaus. Kritiker und Konkurrenten bestätigen ihn knurrend. »Dieses Wachstum ist ein bisschen seelenlos«, wendet Stadtrat Jens Rohde aus dem benachbarten Viborg ein. Aber man müsse anerkennen, dass die in Herning nun mal *driftig* seien. Das Wort fällt bei jedem Gespräch über diese für Dänemark sensationell junge Stadt und bedeutet sowohl unternehmungslustig als auch geschäftstüchtig.

Der Stadtentwicklungschef nickt: »So funktioniert Mitteljütland. Wir wollten das alte Kaufhaus zur neuen Stadtbücherei umfunktionieren. Der Besitzer forderte erst eine unrealistisch hohe Summe. Ich bot eine viel zu niedrige. Dann sagte er: Jørgen, lass uns beides zusammenzählen und durch zwei teilen. Zack, waren wir uns einig.« Zwei Tage später erklärte mir ein Bekannter am Strand von Klitmøller, was typisch für Westjütland sei: »Wenn ich Steinbutt direkt vom Kutter nach dem Einlaufen kaufe, erwarten die Fischer, dass wir handeln. Sie nennen einen hohen Preis, ich antworte mit einem niedrigen, dann treffen wir uns in der Mitte.«

So hat sich ein jütländisches Selbstbild aus vergangenen Zeiten gehalten, auch wenn der äußere Rahmen total verändert ist. Das »Früher« schauen wir uns – Richtung Norden radelnd – im »Kongenshus-Gedächtnispark« an. 1200 Hektar unberührte Heide, einsam, nur Gras und jetzt bräunliches Heidekraut. So sah es bis zur großen Urbarmachung überall in Jütland bei kümmerlichen Überlebensmöglichkeiten für die wenigen Bewohner aus.

Ausgerechnet die Heidegesellschaft, *Hedeselskabet*, hat das kleine Reservat zum Andenken an diese Zeit angelegt. Sie betrieb in der zweiten Hälfte des 19. Jahrhunderts rigoros die

Umwandlung der Heide in Ackerboden und hat dafür einen Ehrenplatz in den dänischen Geschichtsbüchern erhalten. Der große Kater wegen der Zerstörung der Natur setzte viel später ein, auch wenn Hans Christian Andersen ihn schon 1859 kommen sah. In seiner Ode an »Jütland zwischen den zwei Meeren« – vertont eine Art regionale Nationalhymne – besang er erst die Schönheit des Heidekrautteppichs in voller Blüte und warnte dann: »Beeil dich, komm! In Bälde schon wird die Heide Kornfeld sein.«

Bei unserem Ausflug in die Heidevergangenheit habe ich mir Steen Steensen Blicher (1782–1848) als Wandersmann vorgestellt. Jütlands wichtigster Dichter ist hier viel allein herumgelaufen. Gutes wie Schreckliches im Leben der Fischer, Bauern und ihrer Frauen – in allen Altersklassen auch gerne erotisch aktiv –, Gutsherren, Trunkenbolde und Schiffbrüchigen hat er erfrischend gegen den Strich geschildert.

Im »Tagebuch eines Dorfkantors« erzählt Blicher die in Dänemark legendäre Geschichte der edlen, schönen und aus Liebe in bittere Armut absteigenden Marie Grubbe aus der Sicht eines chancenlosen Verehrers. Der Arme lernt am Ende ein hässliches Rachebedürfnis an sich kennen.

In »Eine Erinnerung von der Nordsee« überlebt die Hauptperson eine Schiffsstrandung als Baby. Denkwürdig der Satz der armen Fischerin, die wohl die ewig gültige Wahrheit »Das Meer nimmt, und das Meer gibt« im Kopf hat, als sie sich zur Aufnahme der elternlosen zusätzlichen Esserin durchringt: »In Jesu Namen! Es ist ein Darlehen Gottes vom Meer.« Als ihr leiblicher Sohn und die Adoptierte sich viele Jahre später ineinander verlieben und ein Kind zur Welt kommt, ist die Ablehnung gnadenlos: So eine hat ja keine Mitgift. Die junge Frau wird wahnsinnig, als sie von ihrem Liebsten nur noch den Hut auf dem Sand findet. Eine Wanderdüne hat ihn im Sturm begraben.

Zur Faszination trägt Blichers eigene Geschichte bei. Mit dem Schreiben fing er als über 40-Jähriger an, weil irgendwoher Geld für die zehn Kinder kommen musste. Durch die Heide von Hütte zu Hütte gewandert ist er oft, um Streit mit seiner lebensfrohen Ernestine zu entgehen. Als er sie auf dem Pfarrhof in flagranti erwischt, wird beim Bischof die Scheidung eingereicht. Nach weniger als einem Jahr ist Ernestine wieder aufgenommen. Ein endloses Auf und Ab. »Bald war es nur selten, dass sie einander sahen oder miteinander sprachen – sie wohnten unter demselben Dach, das war alles. Ernestine begann, Geschmack an jungen, kräftigen Knechten zu finden«, schreibt die norwegische Nobelpreisträgerin Sigrid Undset in einer Eloge auf Blicher. Ihre Mutter hatte als Widmung in ein Werk des Jütländers geschrieben: »… dass du als Schriftstellerin allezeit zu Blicher als zu deinem Vorbild aufblicken und wirklich unbestechlich ehrlich sein mögest, wie er es war. Dass du dem Leben furchtlos in die Augen sehen mögest und wahrheitsgetreu berichtest, was du siehst.«

Undset hat furchtlos und wahrheitsgetreu berichtet, dass ihr Vorbild lebenslang trank und den Kindern gegenüber hilflos war. Dazu ein Hochstapler, »als Pfarrer von Spentrup der Reinlichkeit gegenüber schamlos gleichgültig«, außerdem erschien er sonntags lieber auf der Jagd als beim Gottesdienst. Bekannte pumpte Blicher ewig an, aber wenn er mal was hatte, teilte er mit jedermann gern. Vehement zog der Pastor gegen zunehmenden Antisemitismus zu Felde. Für ein besseres Auskommen der Menschen miteinander schlug er vor, dass ausnahmslos alle in Dänemark einander mit dem »herzlicheren Du« anreden mögen, wie es die Bauern ohnehin taten. Es dauerte 120 Jahre, ehe die Dänen überall im Land diesem Ratschlag des größten jütländischen Dichters folgten.

Aarhus: Nummer zwei mausert sich

Zurück zu den Wurzeln, ein Hoch auf die Wikinger! Vorwärts in die herrliche digitale Zukunft! Aarhus versucht den Spagat, mal diskret im Kleinen, mal unübersehbar und mit trotziger Angeberei Richtung Kopenhagen, dem arroganten großen Bruder. 2010 hat Dänemarks zweitgrößte Stadt ihre Schreibweise wieder von »Århus« zurück in »Aarhus« geändert. Das ist internetfreundlicher für Interessierte aus Ländern, in denen man das dänische »Å« (gesprochen wie die leicht gedehnte Mitte zwischen A und O) auf der Tastatur nicht hinbekommt. Man kam auch wieder näher an »Aros« für »Flussmündung«, dem Gründernamen aus der Wikingerzeit.

Es scheint die richtige Entscheidung gewesen zu sein. Aarhus sei einer der spannendsten »places to go«, schrieb die *New York Times*: überschaubare Großstadt mit viel studentischer Uni-Atmosphäre, blühender Kunst-, Kultur- und Gastronomieszene, spannender neuer Architektur am alten Hafen und wunderbarer Hügellandschaft in der Umgebung.

Das Lob kam kurz vor 2017, dem Jahr mit Aarhus als Europas Kulturhauptstadt. Die Stadt lockte mit Wikingertheater auf dem Grasdach des hypermodernen Moesgaard-Museums für Alterskunde. Das Stück »Røde Orm« wurde angepriesen als »Heldenepos mit einem Wikingerhäuptling, der einer anständigen Schlägerei nicht aus dem Weg geht«. Eine Mischung aus »Herr der Ringe« und »Game of Thrones« sei zu erwarten. Das zog. Kreuzfahrtschiffe hätten ihre Fahrzeiten auf »Røde Orm« eingerichtet, freuten sich die Veranstalter, bevor noch der erste Wikingerdarsteller auf einem Islandpferd das Schrägdach hoch- und wieder herunterpreschen konnte.

Bei unserem Besuch wagt sich im Regen außer mir niemand auf den Rasen dieses Museums mit Hanglage. Man sollte es gesehen haben. Was Moesgaard präsentiert, von der zu Leder gewordenen »Gravballe-Moorleiche« aus dem 3. Jahrhundert bis zur Wikingerschlacht in 3-D mit dem Besucher mittendrin, ist an technischer Raffinesse schwer zu überbieten. Beim Balanceakt zwischen aufklärender Museumspädagogik und Disneyland-Unterhaltung hängt viel von der eigenen Aktivität und Zeitphilosophie ab: Nur am Knöpfchen drehen und den Special Effect mitnehmen oder auch in Ruhe der Erklärung über Kopfhörer lauschen?

In Aarhus prallen Gegensätze härter aufeinander als in Kopenhagen. Durch die Fenster ihrer futuristischen Bibliothek Dokk1 können Aarhusianer das betagte Königsschiff *Dannebrog* am Kai gegenüber erblicken. Königin Margrethe hat für ihre alljährliche Sommerwoche auf Schloss Marselisborg anlegen lassen. Hinter dem eleganten weißen Dampfer mit beigem Schornstein recken sich zwei wenig elegante, aber gewaltige Kornsilos dem Himmel entgegen. Draußen hängt wieder dieser halb süße, halb saure Geruch von Sojamehl in der Luft. Ein chronisches Hafenproblem, wenn der Wind von Osten weht, und immer wieder Thema empörter Leserbriefe in *Jyllands-Posten*.

In der Bibliothek riecht es frisch nach Aktivität und Gemeinschaft. Eltern spielen mit ihren Kleinen zwischen den locker verteilten Regalen der Kinderbücherei. Ein Jugendchor übt im Seitenraum. Junge Leute arbeiten konzentriert an endlos vielen PC-Plätzen. Erzieherinnen mit Kopftuch oder ohne und ihre Schützlinge haben den schalldichten Saal mit weichen Matten zum Toben belegt.

»Das Wichtigste ist die erstklassig dämpfende Akustik und dass alle ausreichend Platz haben. Wo Platz ist, da passiert auch etwas«, erklärt hochdynamisch Bibliotheks- und Bürgerservicechef Rolf Hapel. Den zweiten Titel hat er, weil hier auch Pass- und Führerscheinangelegenheiten, Mietzuschüsse und

Ähnliches bearbeitet werden. Ein paar Ecken weiter sieht man Jugendliche vor Spielkonsolen und dann erst Bücher. Wie viele davon in den Regalen stehen, sei »irrelevant« bei der rasend schnellen digitalen Entwicklung, findet Hapel: »Wissen wir denn, welche Rolle das Buch in 15 Jahren spielt? Dieses Haus soll hundert Jahre mit Leben gefüllt sein.« Zufrieden zeigt er auf seinem Smartphone die aktuelle Zahl der Nutzer im Haus: 583 in diesem Moment. Im ersten Jahr waren es insgesamt 1,7 Millionen. Enorm für eine Stadt mit 300 000 Einwohnern. Verblüfft sehe ich, dass Dokk1 auch einen *ammerum*, einen Raum zum Stillen, anbietet. »Wir Althippies finden das ja überflüssig. Aber die jungen Frauen wollen es so«, kommentiert mein Guide. Dänemark, wie hast du dich verändert!

Schwer zu sagen, ob Dokk1 sich zu Recht *folkebibliotek* nennt oder ob es nicht in Wirklichkeit ein Kultur- und Multimediazentrum oder eine städtische Begegnungsstätte oder alles zusammen ist. Am Ende des Rundgangs beglückwünsche ich den Platzchef samt Aarhus zu diesem großzügigen sozialen Hafen für alle, ohne Zwang zum Geldausgeben, mitten in der Stadt. Auch wenn das radikale Ausmisten von Büchern zum Weinen ist und mit dem »Bürgerservice« unter diesem Dach natürlich Kosten gespart werden sollen.

Die Meinungen der Einheimischen während unseres zweitägigen Besuchs in der Stadt fielen nicht ganz einhellig aus: Mit 400 Millionen Euro sei der Bau grotesk teuer, hässlich wie ein »Flugplatzterminal in Aserbaidschan« und nur ein »Hort der Beliebigkeit«, sagt der weißhaarige Buchhändler Steen Larsen, als ich bei ihm zwei reich bebilderte Wälzer über seine Heimatstadt kaufe. »Fantastisch, wir sind dauernd im Dokk1«, widerspricht ein junger Arzt mit Vornamen Jesper, seine Tochter an der Hand, vor dem zackenförmigen Wohnblock »Isbjerget«.

Der »Eisberg« sieht so aus, wie er heißt. Die Anlage auf dem früheren Containerhafen ist das architektonische Aushängeschild des neuen Aarhus. Jesper lebt gerne hier (»Wir haben praktisch keine Heizkosten im Eisberg«). Buchhändler Steen findet, dass der vor die Hafenfront geschobene neue Stadtteil »nur von Weitem gut aussieht« und viel zu groß ausgefallen sei: »Beton, Beton, Beton.« In Konkurrenz zu Kopenhagen würde eben manchmal mächtig geklotzt, meint vermittelnd ein Dritter. Wie man es auch dreht und wendet: Aarhus hat sich radikal von einer Kleinstadt zu einer kleinen Großstadt und von einem ereignislosen Nest zu einer lebendigen Regionalmetropole mit reichlich Kultur gewandelt.

Gegensätze haben in dieser Stadt eine lange Tradition. Eine Augenweide ist der von gelben Ziegelsteinbauten geprägte Uni-Campus aus den Dreißigerjahren. In der Aufbruchzeit des sozialdemokratischen Wohlfahrtsstaates wurde er als menschenfreundliche Anlage mit viel Grün luftig in die Stadt hineingebaut. Aarhus ist als klassische Industrie- und Hafenstadt viel stärker von der Sozialdemokratie geprägt als Kopenhagen. Zur Stadtgeschichte, die sich eingeprägt hat, gehört aber auch der verständnisvolle, schändliche Leitartikel zu den Novemberpogromen 1938 gegen Juden im nationalsozialistischen Deutschland aus dem Vorort Viby. Hier hat *Jyllands-Posten* seinen Redaktionssitz.

Unfreiwillig weltberühmt wurde Jütlands größte und traditionell rechte Zeitung 2006 bei den Protesten gegen ihre zwölf Mohammed-Karikaturen. Das Verlagsgebäude ist seitdem gesichert wie eine Festung. Nur ein paar Minuten entfernt muss der Pensionär Kurt Westergaard wegen ständiger Morddrohungen und nach einem knapp gescheiterten Anschlag wie ein Gefangener leben. Seine Zeichnung des Propheten mit einer Bombe im Turban machte ihn zum bekanntesten

Aarhusianer. Gefolgt von einem 50 Jahre jüngeren Sohn der Stadt, den es im wahrsten Sinne des Wortes hinter Gittern gebracht hat. Yahya Hassan, als Sohn palästinensischer Flüchtlinge in einem Vorort-»Getto« von Aarhus geboren, veröffentlichte mit 18 Jahren eine Gedichtsammlung, die zur meistverkauften der dänischen Geschichte wurde. »Ich bin fucking böse auf die Generation meiner Eltern«, schrieb er. Die kraftvoll anklagende und verzweifelte Schilderung des Zuwandereralltags mit hilflosen und gewalttätigen Eltern machte ihn schnell zu einer starken Stimme. Er erhob sie zur Verblüffung aller mit sprachlicher Urgewalt, Intelligenz, Witz und Selbstvertrauen auch gegen den islamophobischen Mainstream in seinem Land. Für eine viel zu kurze Weile war Hassan einer der kraftvollsten und meistgehörten dänischen Stimmen, bis sein Hang zur Gewalt ihn vorerst wieder um diese Rolle brachte. Ein Jammer. Schüsse auf einen Jugendlichen beim Streit auf der Straße haben Hassan ein Urteil zu 21 Monaten Haft eingebracht.

Dabei hat Aarhus so viel Freundlichkeit produziert. Hosea Dutschke, Sohn des 1979 hier gestorbenen Rudi Dutschke, leitet die Sozialbehörde mit 6000 Mitarbeitern. Er machte sich einen Namen mit seinem Konzept der »Liebevollen Kommune«, »Den kærlige kommune«: »Ich will dahin, dass Angehörige mehr Luft haben, um sich fürsorglich um ein krankes Familienmitglied zu kümmern. Wir können der Familie zum Beispiel Hilfe beim Putzen, Rasenmähen oder Fensterputzen anbieten.« Macht es was, dass sich das für die Kommune auch rechnen würde?

Anne Lund hat 1975 als Studentin für eine Demo in ihrer Stadt die lachende Anti-Atomkraft-Sonne in Gelb-Rot entworfen: »Atomkraft? Nein danke!« Nie hat sie einen Cent oder eine Öre bekommen für diesen Dauerbrenner. Das sei ihr egal, sagte die Dänin bei meinem Besuch: »Wir haben das

Atomkraftwerk Gyllingnæs bei Aarhus verhindert. Das macht mich froh.« Lund und ihre Mitstreiter haben Atomkraft im eigenen Land komplett verhindert. Ohne diesen Erfolg hätte Dänemark nie seine weltweit anerkannte und einträgliche Vorreiterrolle bei der Windenergie erobern können. Was aber von der Visite bei der Atomkraftgegnerin vor allem hängen geblieben ist: die entspannte, offenbar von innen kommende Freundlichkeit, auf die man in diesem Land so oft trifft.

Das Meer ist der Geschichtsschreiber

Jütlands Nordseestrände sind der wilde Gegenentwurf zum geordneten deutschen Badebetrieb mit Strandkorb und Kurtaxe. Fast immer naturbelassen, bieten sie Platz ohne Ende, oft sogar für Autos. Und auf jeden Fall zum Herumtollen für Kinder, Hunde, Surfer und am Himmel für die Drachen. Dänen können von diesen langen und herrlich breiten Spielplätzen auch Schauriges berichten. Henrik Pontoppidan, Literaturnobelpreisträger von 1917, lässt in der Novelle »Ein Fischernest« die bettelarmen Bewohner von »kleinen schwarzen Holzhütten, halb eingegraben in Sand auf den nackten Dünen und preisgegeben dem wütenden Schäumen der Brandung«, zu Verbrechern aus Not werden. Beim ersten Herbststurm locken sie nachts mit Fackelsignalen ein vorbeisegelndes Schiff auf die nächste Sandbank. Als mit dem begehrten Strandgut auch der einzige Überlebende an Land geschwemmt wird, steckt ihm »augenblicklich ein Messer in der Flanke«. Er lässt den Maststumpf und die Kiste mit der Ladung los, die ihm das Leben gerettet haben. Aber eben nur kurz. »›Es ist Wein!‹, murmelt der Mann mit der Fackel, nachdem er das dunkle Haar und die olivfarbene Haut des Sterbenden betrachtet hat. Die anderen nicken zustimmend.«

Ein paar Hundert Jahre später, im Zeitalter der Dampfschiffe, hat sich das Fischernest zu einem ansehnlichen Ort mit Kirche, Kaufmann und ersten Feriengästen gemausert. Grasbepflanzung und Strandhafer zähmen die Wanderdünen. Als hier der englische Frachter *Two Brothers* strandet, weil der Kapitän blau ist, laufen Fischer und Urlauber nur noch aus Neugier zum Strand. Rettungsboote werden zu Wasser gelassen. Strandvogt und Bergungsagent verhandeln an Bord mit dem Kapitän: Was sind Schiff und Ladung wert, wie viel kostet das Freischleppen? Wer die besseren Karten hat, ist klar. Beim Anlegen im nächsten Hafen ist die Kapitänsfrau »nicht mehr an Bord«. Aus Verzweiflung über den Ruin hat sie sich ins Meer gestürzt.

Auf dem alten Leuchtturm von Blåvands Huk, Dänemarks westlichstem Punkt, denkt man: Hier könnte es gewesen sein. Alles passt, auch die »wurmartige Küstenkrümmung« – wie bei Pontoppidan. Nirgendwo an der dänischen Nordsee sind so viele Schiffe gestrandet wie auf der Sandbank »Horns Rev«, »Horns Riff«. Dass arme Küstenbewohner seit dem Mittelalter »vom Fisch und von Wracks lebten«, ist ein geflügeltes Wort in Dänemark. Jetzt sieht man auch bei klarem Himmel keine Schiffsreste mehr, dafür aber die 80 rotierenden Räder des zeitweise größten Offshore-Windparks der Welt. Noch weiter draußen kommen 91 Anlagen von »Horns Rev 2« dazu. Park Nummer 3, natürlich noch riesiger und leistungsfähiger als die Vorgänger, ist im Bau.

Die Strände hier, vor allem ein paar Kilometer nördlich bei Vejers und weiter hoch bis Børsmose, gelten als die schönsten von Jütland. 250 Meter breit, da ist sogar Platz für Wohnmobile. Nur nachts müssen sie »in den Stall«. Wild Campen ist an den wilden Stränden und in ganz Dänemark verboten.

Der Blick vom Leuchtturm Richtung Land zeigt heute keine Fischerhütten mehr als Tupfer zwischen nackten Dünen.

Er wandert jetzt über einen endlosen Flickenteppich aus Sommerhäusern zwischen bepflanzten Dünen. Zur Linken in Blåvand sind es 2000 und rechter Hand in Vejers Strand 1000 Häuser. Sie sind für anspruchsvolle Touristen, vorzugsweise aus Deutschland, immer häufiger mit Whirlpool oder Schwimmbecken ausgestattet. Das Wuchernde der Feriensiedlungen entlang der Nordseeküste fällt nur von oben auf. In der Normalperspektive kaschieren die Dünen perfekt.

Richtung Norden wiederholt sich dieses Bild ungefähr so oft wie das der unzähligen Bunker aus dem Zweiten Weltkrieg. Seltsamerweise haben die meisten, auch ich, diese Betonmonster von Hitlers »Atlantikwall« als Teil der Küstenlandschaft innerlich akzeptiert. Sie gehören jetzt dazu. Sprengen ist zu teuer. Lieber überlässt man der Natur die Arbeit, wenn sich das Meer langsam, aber unaufhaltsam von West nach Ost ins Land frisst und auch schon mal so einen Klotz verschluckt. Oder der Sand einen Bunker gnädig zugeweht hat.

Auch am Rand des Nationalparks Thy stehen sie sinnlos herum, bis auf die vom »Bunkermuseum Hanstholm«, die als eintrittspflichtiger Zeitvertreib für Schlechtwettertage einen praktischen Nutzen haben. Wir nutzten einen solchen lieber zum Besuch bei Michael Johansen. Er hat von seinem hundert Jahre alten, leicht windschiefen Haus mit Hanglage einen schönen Blick hinunter auf den Limfjord. Joggingtouren macht er immer am Wasser. Nachts kann man vom Garten aus den Muschelfischern beim Einholen ihrer Ernte zuschauen. Wenn es nicht wieder zu sehr stürmt. Michael (auf Dänisch gesprochen »Mikääl«) ist hier aufgewachsen. Die Eltern haben mit dem kleinen Hof nebst 30 Hektar Land ihr Auskommen gehabt, was heute undenkbar ist. Sie mussten immer gegen den Wind ankämpfen. Nicht so hart und unter Lebensgefahr wie die Fischer, aber doch: »Wenn es richtig schlimm kam, hat uns der Sturm auch schon mal die Kornernte kaputt gemacht.«

Beim Surf-Weltcup in Klitmøller ganz in der Nähe konnte es nicht stürmisch genug sein. Michael hat sich beruflich um die Pressearbeit gekümmert: »Wahnsinn, mit welcher technischen Raffinesse das Windsurfen betrieben wird. Die Sportler checken auf dem Laptop laufend Satellitenmeldungen über die Wellenbewegungen.« Klitmøller, auch »Cold Hawaii« genannt, gilt als Europas bestes Surfterrain. Beim Verzehr des *Fiskebuffets*, einer Proteinbombe aus diversem Fisch, weht uns der heftige Wind irritierend gegen Teller, Besteck und Bierbecher aus Plastik. Für die Surfer war es heute ein viel zu laues Lüftchen. Entspannt wartet die Hipstergemeinde auf bessere Zeiten vor all den Wohnmobilen mit fast immer deutschen Kennzeichen.

Und das ist nur die Schönwetterbrigade. Mehr als hundert von tausend Bürgern mit festem Wohnsitz in Klitmøller sind Surfer plus Anhang. Sie wollen auch im Winter schnell auf dem Wasser sein, wenn der Satellit via Laptop die guten Wellen zum Abreiten ankündigt. Andere »Kreative«, oft Leute mit Internetarbeitsplätzen in den eigenen vier Wänden, sind gefolgt. Das frische Blut aus der Spaßwelt hat den lebensbedrohlichen Niedergang Klitmøllers durch das Ende der Küstenfischerei gewendet. Der Ort lebt wieder und wächst. »Die stockkonservativen Fischer und die smarten, aber auch flexiblen jungen Surfer arrangieren sich erstaunlich gut miteinander«, kommentiert unser Thy-Experte Michael Johansen.

Von 1969 auf 1970 überwinterten John Lennon und Yoko Ono kurz vor dem Ende der Beatles für vier Wochen in dieser gottverlassenen und zugleich so frommen Gegend. Ein sensationeller Besuch! Aber Dänen bleiben Dänen: Die Gastgeber von der alternativen, friedensbewegten »Skyum Weltuniversität« leiteten die vorweihnachtliche Pressekonferenz ihrer weltberühmten Gäste mit *fællessang*, gemeinsamem Gesang, ein. Lennon, seine japanische Frau, 70 Reporter und die Friedensaktivisten sangen zusammen das Kirchenlied »Oh Kristelighed«, »Oh Christenheit«, von N.S. Grundtvig, halb in der englischen, halb in der dänischen Version. Es ging so friedlich und freundlich zu, dass die Versammelten am Ende auch noch um den Weihnachtsbaum tanzten und zusammen »Dejlig er den himmel blå« anstimmten. »All You Need Is Love« auf Dänisch sozusagen.

Die Stimmung war ein paar Monate später ohne Lennon und Ono eine ganz andere, als junge Protestler in Thy die 900 Jahre alte Hjardemål-Kirche besetzten. Ortsansässige jagten die Besetzer mit Rammböcken durch das Gotteshaus auf den Turm, drohten Lynchjustiz an und wurden von oben mit Mauersteinen attackiert. Von wegen, Dänen seien immer milde und freundlich zueinander...

»Ich bin Jütländer und im Gegensatz zu den Kopenhagenern Kontinentaleuropäer«, antwortet Michael Johansen auf die höflich formulierte Frage nach einem möglichen Körnchen Wahrheit an den Klischees über altertümlich frömmelnde und generell etwas rückständige Westjütländer. Einen klaren Unterschied zu den Leuten in Südjütland gebe es auch: »Für die bedeutet Geschichte vor allem der Krieg 1864. Für die Menschen hier ist es der ewige Kampf mit dem Meer.« Im Übrigen würde er noch lieber als in seiner Limfjord-Idylle im viel stürmischeren Fischereihafen Thyborøn auf einer Landzunge direkt zur Nordsee hinaus leben: »Ich liebe diesen Ort, weil er so roh ist. Wenn man da etwas will, dann packt man es sofort an.« In Kopenhagen würden alle erst mal endlos quatschen.

Der Sturm bewegt alles ein Stück weiter

Die Nordseewellen rollen von links tatsächlich ein bisschen wilder schäumend heran als die auf der Ostsee von schräg rechts. Alle hier an Jütlands Nordspitze pilgern zu »Skagens Gren«, dem »Ast von Skagen«. Wir stellen uns auf die schmale Sandbank zwischen beide Meere und atmen im hellblauen Licht tiefer durch als sonst. Jetzt bei Ebbe endet »Grenen« nicht so elegant als länglich gebogener Keil wie auf Postkarten und den Gemälden der Skagen-Maler. Er ist ein unansehnlich runder Stumpf, auch noch mit Pfütze mittendrin. Das verursacht ein bisschen Gedränge in der gewaltigen Pilgerschar zwischen den zwei Meeren. Ungewohnt in diesem geräumigen Ferienland. Es macht nichts, die Stimmung ist gelöst wie bei einem dänischen Grillfest nach dem Verzehr der letzten *pølser*, der Würstchen.

In einem Bildband über Skagen findet sich diese Erklärung eines anonym bleibenden »weit gereisten Mannes« für die magnetische Anziehungskraft der Landspitze: »Das Geheimnis liegt in der Freude an Freiheit, die hier jeden mit offenen Sinnen erfüllt. Im Angesicht des Festlichen und Hellen in der gewaltigen Natur verlieren Gesetze und Regeln der Gesellschaft ihre beengende Macht. Der Sturm bewegt immer alles ein Stück weiter, und die Menschen folgen mit Entzücken seinem Beispiel.«

Wir sind auch entzückt, weil die Sonne endlich mal durchgehend scheint und einen ganzen Tag lang kein Tropfen Regen fällt. Auf dem Weg von Skagen hinaus zur »Grenen«-Spitze preist meine aus Deutschland angereiste Schwester dänische Lebensqualität: »Die haben hier ja einen Fünf-Sterne-Radweg.« Unterwegs zeigen drei Leuchttürme aus dem 17., 18. und 19. Jahrhundert im Abstand von ein paar

Kilometern zueinander, wie der Wind mit dem Sand hier immer alles bewegt und verändert hat. Was mal ans Wasser gebaut wurde, steht heute mitten im Land. Zehn Meter pro Jahr wächst »Grenen« durch immer neue Sandaufschüttung Richtung Nordosten. Ich kann an dem Gag nicht vorbei: Wenn es 25 000 Jahre so weitergeht, gelangt man zu Fuß nach Schweden.

Schneller und klarer als anderswo in Dänemark lässt sich an diesem Nordende mit bloßem Auge erkennen, dass doch nicht alle gleich sind, erst recht nicht da, wo es am schönsten ist. Skagen ist ein früher und krasser Fall von Gentrifizierung. Im 19. Jahrhundert kamen als Erste des einzigartig schönen Lichts wegen Künstler hierher. Sie malten Strandspaziergänge elegant gewandeter Damen im Abendlicht oder nackte Kinder bei wilden Badefreuden. Ihr Bohemeleben lebten sie fröhlich, frech und sauber getrennt von den armen Fischern.

Michael und Anna Ancher wurden zum »Traumpaar« dieser Kolonie. Er kam als Zugezogener aus Kopenhagen und sie als Einzige von den Künstlern in Skagen auf die Welt. Legendär ist die Vorgeschichte ihrer Geburt: Der rastlos reisende Hans Christian Andersen hat es an einem Augusttag 1859 in das Fischernest geschafft und quartiert sich in »Brøndums Gasthof« ein. Die Wirtin, hochschwanger und ehrfürchtige Bewunderin des berühmten Gastes, schickt ein Dienstmädchen zum »Grenen« nach der fettesten frischen Flunder für Andersen. Der Fisch kommt so spät in der Küche an, dass er erst zu Mitternacht serviert werden kann. Der Dichter lobt die »delikate Speise«, verhehlt aber nicht seine Verärgerung über die Wartezeit. Dieser Rüffel trifft Ane Brøndum so tief, dass sie am nächsten Tag im Bett bleibt und die Tochter zu früh auf die Welt kommt. Alles geht gut aus. Die Mutter weiß jetzt, was aus ihrer Frühgeborenen einmal wird: »Unser Herr hat meinen guten Willen belohnt und dem Kind, dessen Geburt unter so seltsamen Umständen beschleunigt worden ist, das Talent für Kunst geschenkt.« Eine kluge Frau mit dem optimistischen Dänenblick. Könnten wir doch alle so rechtzeitig und instinktsicher die Gaben der Kinder erkennen.

Heute ist »Brøndums Hotel« eine der ganz feinen Adressen in Skagen und das rote Haus der Anchers ein Museum. Wie eben Gentrifizierung funktioniert: Zu den Künstlern gesellten sich immer mehr Betuchte, erst bei den Festen und dann als Hauskäufer. 1914 bezog König Christian X. eine 700 Quadratmeter große Sommerresidenz, den neu gebauten »Klitgaarden«, den »Dünenhof«. Das bedeutete die endgültige Adelung der Stadt und ist immer noch schön anzusehen mit dem für Skagen typischen mildgelben Anstrich, hellroten Dach und weißen Schornsteinen. So ist ganz Gammel Skagen, Alt-Skagen, wie aus einem Guss durchgestaltet und bietet am »Solnedgangsplads«, dem »Sonnenuntergangsplatz«, spektakuläre Abendröte über dem Meer. Ist die Sonne dann untergegangen, verschwinden die meisten wieder an Orte mit erschwinglicher Übernachtung.

Auch im Hauptort kurven Porsches, Maseratis und Bentleys im Sommer auffälliger herum als sonst in Dänemark. Sylt lässt grüßen. Aber die Stadt lebt hier trotzdem noch ihr eigenes Normalleben als größter dänischer Fischereihafen. Die Bürgermeisterin freut sich über wieder steigende Einwohnerzahlen dank Arbeitszuwanderung aus Osteuropa. Problemlos finden wir einen ganz normalen Italiener, dessen Eigner sich als türkischer Kurde entpuppt und eine akademisch gebildete Kellnerin aus Rumänien beschäftigt.

Auf dem Rückweg machen wir noch eine Klettertour auf der riesigen Wanderdüne »Råbjerg Mile«. Sie wandert im Höllentempo von 15 Metern pro Jahr ungebremst von der Nordsee bis zur Ostsee. Ein kleines Stück Sahara am Rand von Dänemark mit einem grenzenlos weiten Rundblick bis zum Meer, fast so weit wie im unvergleichlichen Island. Vertraglich gesicherte freie Bahn hat die Råbjerg-Düne für die kommenden 50 Jahre. Der Staat zahlt Entschädigung für Landverluste. Um 2200 wird sie die Straße von und nach Skagen erreichen. Im Sommer, müssen Sie verstehen, die einzige Möglichkeit für all die Fahrer der Maseratis, Porsches und Bentleys, um zur »Hellerup-Woche« zur Stelle zu sein. Dann treffen sich die Reichen und die Schönen aus Kopenhagen, viele aus dem Edelviertel Hellerup, zum Durchfeiern im 550 Kilometer entfernten Skagen. Es wird am Ende sicher eine dänische Konsenslösung geben, wie Pernille Stensgaard in ihrem Buch über Skagen schreibt: »Schon jetzt tippen alle, dass die Straße der Düne weichen muss. Der Verkehr wird durch eine Röhre fließen.« 30 Jahre später verschwindet dann die Wanderdüne für immer im Kattegat.

Wir verschwinden als typische Skagen-Tagesausflügler am Nachmittag wieder und sind bei Sonne zurück in unserer bezahlbaren Dünenhütte 50 Kilometer südwestlich in Hirtshals. Ich falle sofort in diese wohlige Sommerhauslethargie, von der man sich wünscht, dass sie nie aufhören möge. Zwischen den Dünen ist es bis auf den Wind und das Rauschen der Nordsee still. »Zu Hause könnte ich nicht stundenlang auf der Terrasse sitzen und nur Löcher in die Luft gucken«, sagt die Schwester nach ihrer Woche in diesem Biotop. Vier Tage hintereinander futtern wir Fisch, zweimal Rotzunge, auch für Dänen eine nicht alltägliche Delikatesse, dann Scholle und am letzten Abend Steinbutt. Den finden wir Kopenhagener verblüffend günstig, wohingegen die Bremerin ein paar Ohnmachten über das Preisniveau im Ferienland hinter sich hat: »Das Bund Lauchzwiebeln für 17 Kronen, 2,30 Euro, dafür gebe ich zu Hause 60 Cent aus. Völlig irre. Als ich Postkarten nach Deutschland frankieren wollte: 25 Kronen, 3,40 Euro Porto für eine.«

Ich beginne einen Vortrag über kühle dänische Kosten-Nutzen-Kalküle im digitalen Zeitalter. Und dass die Norweger in Scharen mit der Fähre nach Hirtshals übersetzen, weil ihr Land noch viel teurer ist. Alles sei eben relativ und die Lauchzwiebel auch in Kopenhagen günstiger. Die Dänin in unserer Ferien-WG erklärt das Thema Preisniveau für »typisch deutsch und öde«. Sie wendet sich ihrem Krimi von Håkan Nesser aus Schweden zu und ist zehn Minuten später eingenickt. Am Abend um Viertel nach zehn sehen sich die Reisegefährtinnen außerstande, für den Sonnenuntergang über der Nordsee noch hinunter zum Strand zu gehen. Sommerhauslethargie. »Ich schlafe hier viel tiefer, das muss die Ruhe sein«, sagt die Bremerin. Am nächsten Morgen können wir noch in der Sonne draußen frühstücken, ehe die Wolken wieder die Herrschaft übernehmen und das schwerste Problem dieses Tages gelöst werden muss: Wer wird den Fisch zum Abendessen besorgen?

Beim Strandspaziergang nehmen wir einen geräumigen Rucksack mit für Strandgut. Das Einsammeln ist natürlich wie seit Jahrhunderten verboten, aber bei Holz zum Heizen im Ferienhaus muss man es nicht ganz so genau nehmen. Für andere Nutzer, in einem halben Jahr vielleicht, wenn es trocken ist. Oder in einem Jahr, wenn der dänische Sommer mal wieder viel zu kalt ausfallen sollte. In diesem war er zwar verregnet, aber doch warm. Ein richtig schöner Sommer, denke ich bei der Heimfahrt.

Noch Fragen? – FAQ an Dänemark

Sind Svante und Nina aus der Einleitung typische Kopenhagener & Dänen?
Dänemark antwortet: Ja und nein. Meine Landeskinder schwanken da ein bisschen. Sie lieben »Svantes glücklichen Tag«, aber es gibt ja ein ganzes Büchlein mit »Svantes Liedern«, und die meisten klingen gar nicht froh. Svante ist gebürtiger Schwede, meistens kreuzunglücklich – ohne Alkohol sowieso – und Nina aus Kopenhagen eine treulose Seele. *Mandefolkgal*, verrückt nach Männern, nennt der frustrierte Freund sie. Nina ist umgekehrt chronisch eifersüchtig und auch sonst ewig unzufrieden mit ihrem Partner. Wenn ihr mich fragt: Es passt hinten und vorne nicht. Aber meine Leutchen picken sich immer das eine Lied heraus. Der arme Svante wird am Ende von Nina verlassen und starrt fortan »mit einem Porter in der Hand«, seinem geliebten Dunkelbier, vom Bett aus die Decke an. Von diesem Ausgang der Geschichte haben viele bei uns keine Ahnung. Oder sie verdrängen es.

Meine Zöglinge haben einen Trick ausgetüftelt, der ziemlich gut funktioniert: Sie tun einfach so, als sei der schöne kurze Augenblick das Leben. Nie würde jemand bei uns auf die Frage, wie es geht, ehrlich mit »schlecht« antworten. *Fint*, »fein«, muss es immer für alle sein, niemand will etwas anderes hören und auch nicht sagen. Warum soll man durch lautes Klagen das Leben noch mehr verfinstern? Es aufzuhellen scheint uns der klügere Weg. Kopenhagener gehen das gerne wortreich an, garniert und abgefedert mit Selbstironie. Jütländer eher stiller und trockener, dafür aber noch kompromissloser: Alles ist gut, oder zumindest wird alles gut – *Det skal nok gå*. So lässt es sich entspannter miteinander leben.

Was nicht passt, kann man mit froher Miene unter den Tisch kehren. Das finden wir, in aller Bescheidenheit, clever ausgeheckt. Das Schönreden unseres Lebens trägt dazu bei, dass es schöner und konfliktfreier wird. Deshalb kommen bei uns im Alltag all jene am besten an, die optimistisch, mit Witz, aber ohne laute Stimme Vergangenheit, Gegenwart und Zukunft angehen. Wir haben gezeigt, dass sich damit Berge versetzen und erste Plätze auf Glücksranglisten erobern lassen.

Wie kommt man am besten in Kontakt mit Dänen?

Dänemark antwortet: Meine Leute sind unkompliziert beim ersten kurzen Plausch. Ihr könnt am Wochenende in Kopenhagen oder für ein bisschen länger an unseren Küsten mit freundlichen Reaktionen auf den ersten Satz, die erste Frage rechnen. Der beste Start ist ein schönes Kompliment an uns und unsere Lebensart. Dafür sind wir ausgesprochen empfänglich. Es muss aber ehrlich gemeint sein, vielleicht in einer Frage verpackt: »Schön entspannt hier im Hafencafé / in der Bar / am Strand. Ist die Stimmung immer so bei euch?« Oder: »Fantastisch, all die schicken Designmöbel in euren Sommerhäusern. Gibt es die irgendwo zu erschwinglichen Preisen?«

Auch auf die Frage nach dem Weg zum nächsten Strandcafé oder einem Geschäft mit Handyladekabel könnt ihr auf positive Reaktionen und meistens Bereitschaft zum anschließenden Plaudern rechnen. Meine Söhne und Töchter haben viel Vertrauen und lassen sich gern von Unbekannten anlächeln. Sie lächeln oft zurück. Ältere müssen bei uns nicht automatisch Ablehnung durch Jüngere und Frauen bei einem freundlichen Wort von einem Mann auch nicht immer gleich Anbaggerei befürchten.

Nähert euch meinen Leuten am besten so, wie sie es untereinander vorziehen: freundlich, lässig, möglichst unverbindlich, ohne Anrühren schwieriger Aspekte. Der dänische Alltag ist, wie schon angedeutet, das Lieblingsthema bei uns. Alle, wirklich alle lieben Fragen dazu, immer her damit! Vom Anschneiden politischer Themen beim ersten, zweiten oder auch dritten Gespräch ist abzuraten. Potenzielle Konfliktauslöser werden lieber ausgeklammert, die Diskussionsbereitschaft hält sich in überschaubaren Grenzen. Wer das berücksichtigt, wird, sorry für noch ein Eigenlob, mein einnehmendes Äußeres bei der Kontaktaufnahme bestätigt finden. Ihr könnt dann auch als Außenstehende mit uns eine Menge Spaß haben.

Viele Expats, die bei uns leben, beklagen, dass es nach den ersten Freundlichkeiten schwerer wird mit dem Kontakt: Nie werde man nach Hause eingeladen. Da haben sie wohl leider recht. Wir Dänen beklagen diesen Makel Mitte der Woche auch noch, sind dann am Freitagabend aber doch wieder unter uns. Auch hier gilt: Es läuft umso leichter, je mehr ihr euch dänisiert zeigt. Kindergeburtstage mit Dannebrog-Fähnchen auf dem *lavkage*, der Torte, wie alle es bei uns machen, sind der perfekte Türöffner. Wir mögen unsere Homogenität, nicht nur beim Schmücken der immer gleichen Torten und in unseren unendlich vielen freundlichen Vereinen. Wer sich einem davon anschließt, zum Kanufahren, zu gemeinsamer Romanlektüre, zum Kochen mit heimischen Kräutern oder Winterbaden im Meer, kann sich offener Arme sicher sein.

Ist Dänemark eine Mutter oder ein Vater?
Dänemark antwortet: Ich bin Mutter, ganz eindeutig. »Mor Danmark« haben etliche unserer großen Künstler besungen und gemalt. Alle mögen mich! Aber genug davon, man möchte doch lieber die Kinder im Zentrum sehen.

Wann lohnt es sich, Dänisch zu lernen?
Dänemark antwortet: Immer und unbedingt. Es muss ja nicht gleich mit Intensivkurs sein. Aber nichts stimuliert unsere Kontaktbereitschaft so wie aktives Interesse an Dänisch. Es wird ja praktisch nur hier bei uns gesprochen. Schon deshalb freuen wir uns über jeden Ausdruck von Wertschätzung durch das Aussprechen dänischer Worte. Es muss auch nicht die legendäre *rødgrød med fløde*, die rote Grütze mit Sahne sein. Den Zungenbrecher kennen vorzugsweise Deutsche wegen der halsbrecherischen Aussprache von viermal »d« als halb unterdrücktem Laut, ähnlich dem englischen »th«. Fast keiner bei uns serviert noch diese Grütze.

In ihrem ach so gesunden Alltag bestellen meine Leutchen eher *grøn salad*, den grünen Salat. Das spricht sich auf Dänisch genauso leicht, wie es sich liest: »En grönn säläth, tak!« Das eine halb verschluckte »th« schafft ihr! Das deutsche »bitte« wird im Dänischen zu einem *tak*: »Bitte ein Bier« also zu »*En øl, tak*«. Und auf die Frage, ob man noch eines möchte, lautet die Antwort: »*Ja tak*« oder »*nej tak*«. Gesprochen: »Jä takk« und »nai takk«. Der Zusatz *tak* ist dabei wichtig.

Nur Mut. Die Grammatik ist viel einfacher als die deutsche. Ein bisschen Stöbern in einem kleinen Zeitungstext oder Blog mit automatischer Onlineübersetzung zeigt euch, wie viele dänische Begriffe den deutschen ähnlich sind. Wir hatten schon die Standardantwort auf die Frage, wie es uns geht: *Fint* gleich »fein«. Ausführlicher könnte man sagen: »*Jeg har det godt.*« Wörtlich: »Ich habe es gut.« In Lautschrift: »Jai hah deh gott.« Wer als Ausländer diesen kleinen Satz zustande bringt, kann schon mit enorm viel *god vilje*, gutem Willen, bei meiner Kinderschar rechnen.

Der hohe Berg, über den leider alle müssen, ist die Aussprache. *Muddermålet* statt *modersmålet*, »Moddersprache« statt »Muttersprache«, nennt Svante, der alte Schwede, die Nuschelei in der Wahlheimat. Wir verschleifen die vier Wörter, denen zufolge es uns gut geht, in rasender Eile zu einem einzigen langen Laut mit halb verschluckten Vokalen zwischendrin: »Jahaadgott.« Ohne irgendeine Betonung oder Melodie.

Bittet doch um mildernde Umstände: »*Ikke så hurtigt, tak.* – Nicht so schnell, bitte.« Das »å« war im älteren Dänisch mal ein »aa«, spricht sich aber wie ein Mittelding aus »o« und »a« aus. So etwa wie der Auftakt der deutschen Himmelsrichtung Osten – Letzteres bedeutet bei uns im Dänischen »der Käse«, aber mit der Aussprache des »o« zu Beginn wie im deutschen »oben«. Alles klar? Im Dänischen fragen wir: *Okay?*

Wer das alles nicht *okay*, sondern verwirrend oder zu anstrengend findet, muss es eben mit Englisch versuchen. Die Frage: »*Do you speak English?*« finden wir überflüssig, sind aber nicht beleidigt deswegen. Bei uns sprechen alle gut bis sehr gut Englisch, vor allem wegen der vielen Hollywoodfilme und -serien, die nie synchronisiert, sondern untertitelt sind. Deutschland haben wir ins Herz geschlossen wie noch nie in der Geschichte, beherrschen eure Sprache trotz Schulunterricht allerdings leider immer schlechter.

Welche Dress- und eventuell andere Codes sind zu beachten?

Dänemark antwortet: Eine gute Frage! Erst mal werden alle bei uns stolz antworten, dass wir kaum Dresscodes haben. Das wirkt entspannend, ja befreiend und passt zum lässigen dänischen Lebensstil. Unsere Männer müssen sich auch bei

Geschäftsbesprechungen nicht in einen Schlips zwängen. Wir Frauen können zur Dinnereinladung der oberen Mittelklasse immer noch das Outfit nach Bequemlichkeit statt hochhackig und geschminkt wählen. Obwohl zu beiden Gelegenheiten durchaus Schlipse und High Heels zu sehen sind. Man oder frau entscheidet selbst. Und hat es nicht auch was, dass bei Trauerfeiern wirklich jeder frei entscheiden kann, ob er oder sie des Verblichenen in Schwarz, Bunt oder ganz normaler Alltagskleidung gedenken möchte? Niemand wird deshalb schief gucken oder schlecht von einem denken. Dasselbe gilt für die Familienfeste, mit Ausnahme von Hochzeiten. Da brezeln sich auch meine Kinderchen alle auf, dass man manche nicht wiedererkennt und gelegentlich sogar mit falschem Namen anspricht.

Es wundert uns ein bisschen, dass wir anderswo als schick und geschmackvoll angezogen gelten. Meine Leute halten sich selbst vor allem für praktisch, kaufen bei denselben Textilketten wie andere auch und richten sich nach den wechselhaften Wetterlaunen. Ob es daran liegt, dass bei uns auch die weniger gut Verdienenden mehr Geld für ein bisschen schickere Klamotten haben als in Deutschland? Oder dass die Frauen bei uns schon viel länger als anderswo selbst entscheiden, was sie mit eigenem Einkommen nach eigenem Geschmack einkaufen? Vor allem die starke Rolle meiner Töchter hat auch die Richtung bei unseren Modedesignern bestimmt. Man muss sich in Kopenhagen nur mal in den Läden der angesagten Labels wie Stine Goya, Wood Wood und bei Henrik Vibskov umschauen: oft verspielt, fast immer teuer und – besonders wichtig – nie unpraktisch.

Nicht so recht Gehör finde ich bei den Jüngeren mit meinem Einwand, dass Dresscodes und andere Codes bei uns wohl doch mehr Macht haben, als es zunächst scheint. Jedenfalls ist »oben ohne« von unseren vielen Sonn- und Badeplätzen so gut wie verschwunden, vor allem aus dem ach so hippen Kopenhagen. Da staunt gerade auch die Mutter Dänemark.

Sind Dänen beim Sex freizügiger und eventuell glücklicher als andere?

Dänemark antwortet: Das passende Sprichwort bei euch in Deutschland lautet: »Ist der Ruf erst ruiniert, lebt es sich ganz ungeniert.« Die Weltpremieren mit der Freigabe von Pornografie 1969 und der Anerkennung von homosexuellen Partnerschaften zwanzig Jahre später haben uns den Ruf eingebracht, besonders freizügig und sexuell aktiv zu sein. Es kommt stark darauf an, was man bei diesem Thema für Freiheit und Glück hält. Erst mal stimmt ja schon: Monogame Treue wird von dänischen Paaren nicht so hoch gehängt, die Quote von Seitensprüngen und auch von One-Night-Stands liegt Umfragen zufolge höher als anderswo. Was ich vom Alltag meiner Sprösslinge aufschnappen kann, bestätigt das.

Eine unserer Nachwuchspolitikerinnen hat auf Facebook erzählt, wie sie beim Tanken mit einem Unbekannten plaudert. Als sie vom Bezahlen zurückkommt, steht er immer noch da (»ein flotter Mann mit leicht gefährlichem Blick«) und fragt, ob er sie zum Abendessen ins Restaurant einladen dürfe. Sie antwortet, das sei eine schöne Idee, aber sie auch in festen Händen und damit vollkommen zufrieden. Der Mann rauscht mit dem Satz »Dein Freund ist ein Glückspilz« von dannen. Wie gut habe ihr doch diese Art von *bejleri*, »Freierei«, gefallen, schrieb diese Tochter aus Kopenhagen und schloss mit: »Versucht das ruhig öfter, Männer. Wagt euch heraus aus all den Datingsites und dunklen Diskotheken oder wo ihr sonst die Liebe sucht. Wir wollen gerne.«

Was man daraus lernen kann? Dass es mit dem Dating und den Discos bei uns im Prinzip derselbe Krampf ist wie überall. Aber auch, dass der Weg zum Sex vielleicht ein bisschen weniger tabuisiert oder mit endlosen Umwegen verkleistert ist und auch das Nein ganz freundlich ausfallen kann. Und vor allem, dass die Frauen selbstsicherer und aktiver damit umgehen als anderswo. Jedenfalls glauben das alle hier, ohne eigentlich zu wissen, wie es sich anderswo verhält.

Dass Frauen die Initiative ergreifen, ist bei uns schon lange keine Ausnahme mehr. Nicht so richtig stolz können meine Landeskinder andererseits auf die Rolle von Alkohol in ihrem Sexleben sein. Wie auch bei anderen sozialen Aktivitäten ist er zur »Auflockerung« allseits akzeptiert. Kein Ruhmesblatt. Mir ist auch klar, dass wir Eltern beim Thema »Eigene Kinder und Sex« normalerweise im Tal der Ahnungslosen auf dünnem Eis herumirren.

Wie nutze ich die vielen schönen dänischen Radwege?

Dänemark antwortet: Die Lobpreisungen unserer wirklich sensationell komfortablen Radwege haben einen Haken. Sie wiegen topmotivierte Neulinge aus aller Herren Länder in falscher Sicherheit. Wer sich im Kopenhagener Berufsverkehr unter die einheimischen Pedalritter gemischt hat, versteht sofort, was gemeint ist. Auch etliche von uns halten die Radler für Kraftmeier, die ihre Dominanz und den Umweltbonus auf Kosten vor allem der Fußgänger missbrauchen.

Das ist kräftig übertrieben, auch wenn ich tatsächlich ein paar Sorgenkinder zu viel im Sattel habe. Fahrradfahren funktioniert in Kopenhagen und auf unserem immer flachen Land grundsätzlich wunderbar. Aber ein paar Tipps können bestimmt nicht schaden, damit der Besuch in der *skadestue*, der Ambulanz des nächsten Krankenhauses, überflüssig bleibt:
- Meine Landeskinder bringen eine verblüffende Durchschnittsgeschwindigkeit auf den Asphalt. Kein Wunder, sie kommen ja mit einer Fahrradklingel zur Welt und bekommen von uns das Radeln ungefähr so früh beigebracht wie

das Laufen. Für Auswärtige ist es ähnlich wie beim Fußball- oder Volleyballspiel gegen Höherklassige: Alles geht so irritierend schnell, in ungewohnter Umgebung und vor kritischem Publikum. Das sicherste Rezept: rechts halten und ruhig bleiben.

- Beim Linksabbiegen dürfen Radfahrer nie direkt der Autospur folgen. Sie überqueren bei Grün erst geradeaus die Straße, heben den rechten Arm zum Anzeigen des Richtungswechsels und warten dann in der neuen Richtung auf Grün.
- Die meisten Radfahrer kommen durch Kollision mit rechts abbiegenden Autos zu Schaden. Wer geradeaus eine Kreuzung überquert, muss trotz Vorfahrt immer genau auf Rechtsabbieger, vor allem auf Lkw aufpassen! Dass heimische Radler dies munter missachten, ist kein Grund zur Nachahmung.
- Auf dem Fußweg oder abends ohne Licht radeln und Ähnliches kostet, wenn man erwischt wird. Die Bußgelder beginnen mit 700 Kronen, gut 90 Euro. Ein Handygespräch auf dem Sattel kostet 1000 Kronen. Ihr seid gewarnt!

Das war das lästige Kleingedruckte. Umso größer kann eure Vorfreude sein auf die Touren über unsere kleinen Landstraßen im Süden der Insel Fünen, auf den Fahrradbrücken quer über den Kopenhagener Hafen, auf unseren *cykelsuperstier*, den »Fahrradautobahnen«, oder am Øresund entlang von der Stadtmitte hinaus zum Kunstmuseum Louisiana.

Soll ich mich von allen duzen lassen und alle duzen? Auch den, der mir gerade eine Beule im Kotflügel verpasst hat?

Dänemark antwortet: Ja, und vor allem den oder die mit dem Kotflügel. Alles geht dann einfacher und freundlicher mit meinen Leuten.

Ist Lego typisch dänisch und ein gutes Souvenir für zu Hause?
Dänemark antwortet: Was die Klötze und den Kauf als Mitbringsel angeht, muss ich klar mit Nein antworten. Sie sind bei uns schon wegen der hohen Mehrwertsteuer (25 Prozent) nicht billiger als anderswo. Außerdem ist Lego nun mal so ein universelles Spielzeug, dass kaum jemand an das Herkunftsland oder gar den Geburtsort Billund mitten in Jütland denkt. In diesem Dorf hatte der Tischler Ole Kirk Kristiansen 1934 die geniale Idee, sein Holzspielzeug »Lego« zu nennen, als Verkürzung für *leg godt*, »spiel gut«. Sein Bruder Godtfred tüftelte dann die ersten Bausätze aus. Ab 1946 gab es Lego als Plastikklotz. Es war die erfolgreichste Erfindung aller Zeiten von einem meiner Landeskinder.

So erfolgreich, dass die Kirk Kristiansens drei Generationen später viermal so reich sind wie die zweitreichste dänische Familie. Ihr oberster Angestellter, Konzernchef Jørgen Vig Knudstorp, hat schon buchstäblich Freudentänze beim Vorlesen der Konzerngewinne aufgeführt und dabei öffentlich gesungen. Natürlich auf Englisch, denn Lego ist total globalisiert und möchte in einem Atemzug genannt werden mit Apple, Nike, Coca-Cola und anderen Global Players. Das geht vor Heimatverbundenheit. Die Personalabteilung ist 2017 von Billund nach Kladno in Tschechien, Monterrey in Mexiko und Singapur umgezogen. Legoland, den Vergnügungspark rund um die Bauklötze in Billund, haben die Kristiansens an britische Interessenten abgestoßen, als es mit den Bauklötzen nach dem Jahrtausendwechsel mal eine Weile weniger gut lief. Andererseits: Der Park mit seinen Modellbauten unserer berühmtesten Bauwerke wie Schloss Amalienborg und der Häuserzeile am Kopenhagener Nyhavn hat nach wie vor einen speziell dänischen Touch. Trotzt euren Kindern einen Besuch im Lego-Museum außerhalb von Legoland in Billund ab. Museumsort war lange das »Lego Idé Huset« in der alten Tischlerwerkstatt. Es wird vom neu gebauten »Lego House« abgelöst (geplante Eröffnung: irgendwann 2017). Die Geschichte der Bauklötze über fast ein Jahrhundert ist als Zeitspiegel spannend und weckt viele Erinnerungen an die eigene Kindheit. Auf jeden Fall bei den Jungen. Die Mädchen in aller Welt, das gilt auch für meine dänischen Töchter, sind Lego noch nicht so lange verfallen. Sie holen aber rasant auf.

Wenn ihr statt Lego als Souvenir lieber eine Erfindung mitnehmen wollt, die nicht schon jeder kennt, schaut mal in Einrichtungsgeschäften nach den Hoptimisten. Die dänisch designten Figuren bringen jeden zum Lächeln.

Wie optimiere ich das Ferienglück im Sommerhaus?

Dänemark antwortet: Genussregel Nummer eins nach der Ankunft: Genieße das Fehlen von Regeln. Die Kombination aus unserer Lässigkeit und unendlich viel Platz am Wasser lässt sie aus dem Blick verschwinden. Mit einem interessanten Beispiel hat das Lars Ramme Nielsen, einige Jahre unser Touristenchef in Hamburg, mal illustriert: »Bei uns kann ein schwules Paar nackt mit dem Hund am Strand spazieren gehen, ohne dass jemand sich groß darum schert.«

Einerseits trifft der Satz, mit unserem gut entwickelten Geschäftssinn für die Imagepflege ausgedacht, auf lockere Weise zu. Andererseits gibt es natürlich auch bei uns Regeln. Hunde dürfen zwischen 1. April und 15. Oktober nur angeleint am Strand herumlaufen. Baden ist ihnen ganz verboten, wenn dort die »Blaue Flagge« für sauberes Wasser weht. Fast all unsere Strände zeigen sie. Trotzdem wird kaum jemand einen Hundebesitzer angehen, weil dessen Vierbeiner ohne Leine im Salzwasser planscht. Hat der Hund jemanden gebissen, muss er nach dem *hundelov*, dem Hundegesetz, eigentlich eingeschläfert werden. VisitDenmark, unser Touristenverband, versichert: Das sei deutschen Urlaubern bisher genauso oft widerfahren wie der Königsfamilie mit ihren beißwütigen Hofdackeln: noch nie.

Keinesfalls solltet ihr euch von Lust- oder Neidgefühlen beim Flattern der vielen Dannebrogs vor den Ferienhäusern dazu verleiten lassen, die deutsche Fahne zu hissen: Bei unserer Polizei gehen immer mal wieder telefonische Anzeigen ein, weil irgendwo vor einem Sommerhaus Schwarz-Rot-Gold am Mast hochgezogen wurde. Groß ist dann das Erstaunen, wenn eine Patrouille vorfährt und zum Abhängen der Fahne auffordert. Ohne ausdrückliche Sondergenehmigung ist das Hissen »fremder« Flaggen bei uns verboten.

Dramatisch weniger Regeln als in Deutschland haben wir dagegen für das Rasenmähen rund um all die Ferienhäuser, die nicht nur von Dünensand und wildem Gras umgeben sind. Wenn es welche gibt, hält sich keiner dran. Das deutsche Wochenendverbot gilt bei uns als abschreckendes Beispiel von »Ordnung muss sein«. Hier wirft im Prinzip jeder den Motor an, wann immer er Lust hat. Sollte eure Ferienruhe von einem Nachbarn nach dem anderen mähend gestört werden, nehmt am besten den Rat des schon zitierten Touristenchefs an: »Man setzt sich hin, knapst ein Pilsner auf und denkt: »*Pyt, det går nok.* – Egal, das wird schon.«

Auch unsere – wie wir eigentlich alle zugeben – seltsame *sommerhusregel*, das Kaufverbot von Sommerhäusern für Ausländer, wird nicht mehr ganz so strikt gehandhabt wie früher mal. Wenn eure Begeisterung für eine Immobilie in den Nordseedünen zu Kauflust führt, könnt ihr es mit einem netten Brief an die zuständige Gemeinde versuchen. Darin sollte die Bitte um *dispensation*, eine Ausnahmegenehmigung, mit eurer »besonderen Bindung« an mich begründet sein. »Zwanzigmal hintereinander Sommerferien in Dänemark und der Sohn mit einer Dänin verlobt« zum Beispiel. Sprachkenntnisse kommen besonders gut an. Wenn das immer noch nicht reicht, aber das bleibt unter uns, könnt ihr mal im Netz unter »dansk stråmand«, »dänischer Strohmann«, nach Hilfe suchen. Ich habe gehört, dass es in Grenznähe eine Menge davon gibt.

In absehbarer Zeit wird diese wirklich seltsame EU-Ausnahmeregel wohl ganz fallen. Bis dahin kaufen meine Leute weiter mit nur leicht schlechtem Gewissen Freizeitimmobilien in Berlin, an Spaniens Goldküste sowie schwedische Pippi-Langstrumpf-Idyllen. Schlechtes Gewissen steht bei uns allgemein nicht so hoch im Kurs wie das Streben nach Spaß im Alltag und ausgeprägter Pragmatismus. Übernehmt das doch einfach in den Sommerhausferien.

Lohnt es sich noch, das Auto vor der Fahrt nach Dänemark mit Konserven und Getränken vollzupacken?
Dänemark antwortet: Ja. Ihr macht euch damit allerdings nicht unbedingt beliebt bei uns.

Wie halte ich die Kinder von den knallroten Würstchen und dem gigantischen Softeis fern?

Dänemark antwortet: Die *røde pølser* mit künstlichem Farbstoff sind längst aus dem Handel. Ein Softeis mit Marmelade, Sahne und Schokokuss obendrauf muss einfach drin sein, finde ich.

Was tun, wenn es den ganzen Urlaub über nur nass, kalt und windig ist?
Dänemark antwortet: Irgendwo gemütlich einmummeln und in Ruhe diese Gebrauchsanweisung lesen.